단어를 직접 써 보며 외우면~ 기억에 착! 실력도 착착!

착! 붙는
프랑스어
단어장

저 **인터레스팅 Inter-est-ing**
(프랑스어 번역 네트워크)

시사 Books

머리말

　이 책은 기본적으로 프랑스어 알파벳을 익히고 단어의 발음법을 숙지한 사람들이 문장을 구성하며 원어민 회화를 시도하는 단계에서 부족한 어휘를 채워 주기 위한 목적으로 집필되었다. 이에 초·중급 과정에 있는 학습자의 어휘력 신장을 위한 단어들을 수록하는 한편, 아울러 프랑스로 여행을 떠나거나 유학을 가는 사람들, 급하게 출장이나 파견을 가는 사람들이 현지에서 활용할 수 있도록 관련 분야의 어휘도 집약적으로 엄선하여 수록해 두었다. 또한 전문적인 통번역 학습 과정을 준비하는 사람들을 위한 고급 어휘도 일부 수록하였으며, 고급 학습자들을 위한 관용어구나 유용한 표현도 함께 정리해 두었다. 따라서 각자의 수준에 맞는 어휘를 선별적으로 취해가며 학습을 해 나간다면, 이 단어장을 기반으로 보다 깊이 있고 폭넓은 학습이 가능해질 것이다.

　각 장의 내용을 간략히 소개하면, 일단 1장의 '가정생활'과 7장의 '기본단어'에는 초·중급 학습자의 프랑스어 학습에 도움이 될 만한 내용이 수록되어 있고, 2장의 '건강과 감정'에는 어딘가 아플 때 사용할 수 있을 만한 어휘나 자신의 정서 상태를 표현할 수 있을 만한 어휘가 집약되어 있다. 3장의 '여행, 관광, 교통'에서는 프랑스 여행을 갔을 때 도움이 될 어휘가 실려 있으며, 4장의 '음식과 문화'에서는 조리법과 관련한 회화를 배울 때 도움이 될 만한 내용, 혹은 요리나 제빵 분야에서 프랑스 유학을 가는 사람들이 활용할 수 있을 만한 어휘가 정리되어 있다. 5장의 '교육과 학교생활 및 여가생활'에서는 프랑스 유학이나 어학연수를 준비하는 사람들이 참고할 만한 어휘가 수록되어 있고, 6장에서는 프랑스로 파견이나 출장을 가는 사람들이 알아 두면 유용한 어휘 및 통번역 대학원 입시를 준비하는 학생들이 필수로 알아 두어야 할 시사 어휘나 표현이 엄선되어 있다.

예문의 경우, 우선 표제어의 의미가 잘 드러나면서도 실제로 활용도가 높은 문장을 수록하였으며, 각자 20년 가까이 프랑스어를 학습하며 생업으로 삼고 있는 저자들이 저마다의 학습 과정에서 필수적이라고 생각했던 표현을 중심으로 선정했다. 따라서 활용도가 높은 문장을 우선시하되, 예상치 못한 실수를 범할 우려가 있는 문장들, 아는 것 같지만 막상 필요할 때 잘 떠오르지 않는 문장들, 알고 있으면 언제 어디선가 도움이 될 만한 문장들도 함께 수록하고자 했다.

지면이 한정적이라 더 많은 내용을 담지 못한 게 아쉽지만, 반의어나 유의어, 참고 어휘 등의 수록을 통해 보다 깊이 있는 프랑스어 학습을 유도하고자 했다. 그러므로 이 책의 표제어나 예문에 국한되지 않고 참고나 부록에 함께 제시된 여러 가지 표현을 통해 보다 확장된 학습을 이어간다면, 이 책에 수록된 표제어 어휘의 두 배 이상은 어휘력을 신장시킬 수 있으리라 생각한다. 모쪼록 이 단어장이 초·중급 프랑스어의 학습에 도움이 되길 바란다.

목차

:: 기본기를 다지는 데 필요한 엄선된 단어

본 교재로 DELF / DALF 준비에 유용한 단어를 학습할 수 있습니다. 테마별로 단어를 정리하여 효율적으로 단어 공부를 할 수 있도록 하였습니다. 단어마다 제시된 예문은 실제로 활용도가 높은 문장으로 실생활에서 활용도가 높은 구문을 엄선하였습니다. 단어 앞의 ☐박스에 체크하면서 외운 단어를 점검해 볼 수 있습니다.

:: 셀프 점검 & 연습 문제

소주제마다 '연습문제'를 실어 학습한 내용으로 스스로 점검해 볼 수 있도록 하였습니다. 다양한 문제를 풀어 보면서 학습한 단어를 좀 더 확실하게 익혀 보세요.

:: 쉬어가기 / 부록

주제별로 '쉬어가기' 코너를 통해 주제와
관련된 프랑스어 추가 정보를 익힐 수 있
습니다. 그리고 부록에는 프랑스어를 학
습하는 데 유용한 표현을 추가적으로 수
록하였습니다. 부록 자료를 통해 프랑스
어 학습의 기초를 탄탄하게 다져 보세요.

:: MP3 파일 제공

원어민이 들려주는 발음을 통해 확실하게 단어를 익힐 수 있습니다. 발음
연습을 하면서 청취 실력도 충분히 향상시킬 수 있습니다. 시사북스 홈페
이지(www.sisabooks.com) 자료실 또는 표지에 있는 QR코드 스캔을 통
해 자료를 무료로 이용하실 수 있습니다.

일러두기

유의어 비슷한 표현들을 수록. 단, 그 가운데에는 동의어도 있고 약간의 의미나 사용 맥락이 다른 표현도 있으니 주의하도록 한다.

반의어 반대되는 표현들을 수록. 별도의 표제어로 수록하는 것보다 반의어로 정리하는 편이 더 낫겠다고 생각한 어휘들은 반의어로 정리했다.

참고 함께 알아 두면 좋을 곁가지 표현이나 표제어 관련 추가 설명.

▶ 약어 표기

vt. 타동사 / vi. 자동사 (단, 자타동사 여부를 표시할 필요가 있는 경우만 표시)

qqch 무엇(사물) / qqn 누구(사람)

inf. 동사원형

ind. 직설법 / sub. 접속법

▶ 성 · 수 구분

여성 형용사의 경우, 뒤에 'e'만 붙는 경우는 어휘 끝에 ~(e)로 표기하고, 형태가 아예 달라지는 경우는 ○○○/○○○와 같이 '/'로 구분하여 기재했다.

명사의 성 · 수 구분은 남성형 m., 여성형 f., 남성 복수형 m.pl., 여성 복수형 f.pl.로 표시해 두었다.

이외 별도의 품사 구분은 따로 표기하지 않았으니 보다 자세한 내용은 사전을 참고하여 학습하기 바란다.

I

Vie familiale

가정생활

1 인간관계

Track 01

☐ famille
Il a grandi dans une famille nombreuse.
그는 대가족에서 자랐다.
f. 가족

☐ père
Mon père est grand.
아버지는 키가 크다.
유의어 m. papa
m. 아버지

☐ mère
Ma mère fait plus jeune que son âge.
어머니는 나이보다 젊어 보인다.
유의어 f. maman
f. 어머니

☐ parents
Ses parents habitent en France.
그의 부모님은 프랑스에 산다.
pl. 부모님

☐ frère
Guillaume est le sosie de son frère.
기욤은 형과 완전히 판박이다.
참고 형, 오빠, 남동생 등 남자 형제를 의미
m. beau-frère 처남, 시아주버니, 시동생, 의붓형제
m. demi-frère 이복형제
m. 형제

☐ sœur
Mon père s'est remarié. J'ai maintenant deux belles-sœurs.
아버지는 재혼을 했다. 나는 의붓자매가 두 명 있다.
참고 누나, 언니, 여동생 등을 의미
f. belle-sœur 시누이, 올케, 처형, 처제, 의붓자매
f. demi-sœur 이복자매
f. 자매

☐ grand-père
Mon grand-père a beaucoup de rides.
할아버지는 주름이 많다.
유의어 m. papi, pépé
m. 할아버지

☐ grand-mère
Ma grand-mère a les joues rouges.
할머니는 볼이 빨갛다.
유의어 f. mamie, mémé
f. 할머니

10

☐ grands-parents	Mes grands-parents maternels habitent à la campagne. 외조부모님은 시골에 사신다.	pl. 조부모
☐ époux/épouse	L'époux de Louise a les cheveux blonds. 루이즈의 배우자는 금발이다.	배우자
☐ mari	Son mari a un visage carré. 그의 남편은 각진 얼굴형이다. 반의어 f. femme 아내	m. 남편
☐ fils	Il est fils unique. 그는 외동아들이다.	m. 아들
☐ fille	Il a une fille adoptive. 그는 입양한 딸 하나가 있다.	f. 딸
☐ enfant	J'ai deux enfants. 나는 자녀가 둘이다.	자녀
☐ aîné(e)	C'est le fils aîné. 그는 큰아들이다. 참고 m. frère aîné 손위 형제	첫째, 손위의
☐ cadet(te)	Anaïs est la cadette de la famille. 아나이스는 가족 중 막내이다. 유의어 benjamin(e)	막내, 손아래의
☐ petit-fils	Son petit-fils est musclé. 그의 손자는 근육질이다. 참고 m.pl. petits-fils	m. 손자

☐ petite-fille	Sa petite-fille a un beau visage. 그의 손녀는 얼굴이 예쁘게 생겼다. 참고 f.pl. petites-filles	f. 손녀
☐ beau-père	Mon beau-père a un visage allongé. 시아버지는 긴 얼굴형이다.	m. 시아버지, 장인, 의붓아버지
☐ belle-mère	Sa belle-mère pèse 55 kilos. Elle a pris cinq kilos en trois mois. 그의 장모는 55kg이다. 3개월 만에 5kg가 쪘다.	f. 시어머니, 장모, 의붓어머니
☐ beaux-parents	J'ai invité mes beaux-parents à la maison. 나는 시부모님을 집에 초대했다.	pl. 시부모, 장인 장모
☐ cousin(e)	Léo ressemble beaucoup à son cousin. 레오는 사촌과 많이 닮았다.	사촌
☐ neveu	Son neveu est mignon. 그의 조카는 귀엽다.	m. 남자 조카
☐ nièce	Ma nièce a trois ans. 내 조카는 3살이다.	f. 여자 조카
☐ oncle	Mon oncle porte la moustache. 삼촌은 콧수염이 있다.	m. 삼촌, 이모부, 고모부
☐ tante	Ma tante a des cernes sous les yeux. 이모는 다크서클이 있다.	f. 숙모, 이모, 고모

☐ beau-fils	Mon beau-fils est très grand : il mesure 1m90. 사위는 키가 1m 90cm로, 매우 크다. **참고** m. gendre 사위	m. 사위, 의붓아들
☐ belle-fille	Ma belle-fille n'est pas grosse, mais elle a tout de même souhaité commencer un régime. 며느리는 뚱뚱하지는 않지만 다이어트를 시작하길 원했다.	f. 며느리, 의붓딸
☐ femme	« On ne naît pas femme, on le devient. » (Simone de Beauvoir) "우리는 여자로 태어나는 게 아니라 그렇게 만들어지는 것이다." (시몬 드 보부아르)	f. 여성, (성인) 여자, 여인
☐ homme	Un homme sensé n'aurait pas agi ainsi. 분별력 있는 사람이라면 그런 식으로 행동하지는 않았을 것이다. C'est un magasin de mode exclusivement pour les hommes. 이 가게는 남성 전용 의류 매장이다.	m. 남성, (성인) 남자, 사람, 인간
☐ être humain	L'être humain est-il maître de la nature ? 인간은 자연의 주인인가? **유의어** f. espèce humaine m. genre humain	m. 인간, 인류, 사람
☐ personne	Personne ne te connaît mieux que toi-même. 네 자신보다 더 너를 잘 아는 사람은 없다.	f. 사람, 인격, 인칭
☐ adolescent	Les adolescents sont souvent en conflit avec leurs parents. 청소년들은 종종 부모와 트러블을 빚는다.	청소년

☐ mineur	Les mineurs n'ont pas le droit de vote. 미성년자는 투표권이 없다. **반의어** majeur **동음이의어** 광부	미성년자
☐ adulte	Les billets adultes coûtent deux fois plus chers que les billets enfants. 어른들 표는 아이들 표보다 두 배 더 비싸다.	어른, 성인
☐ personne âgée	Les personnes âgées veulent continuer à travailler après la retraite. 노인들은 은퇴 후에도 계속해서 일하기를 원한다. **반의어** jeune	f. 노인, 고령자
☐ orphelin(e)	Emma est devenue orpheline à cause de l'accident de voiture qui a emporté ses parents. 엠마는 부모님을 앗아간 교통사고로 인해 고아가 되었다.	고아
☐ ami(e)	Nous sommes très amis depuis longtemps. 우리는 오래 전부터 아주 친한 친구이다. **유의어** copain, copine **참고** 'mon ami, mon petit ami'처럼 ami 앞에 소유격을 넣으면 애인의 뜻이 되며, un ami à moi로 쓰면 그냥 일반적인 친구를 의미한다.	친구, 애인
☐ voisin(e)	Les voisins de l'étage du dessus font beaucoup de bruit. 위층에 사는 이웃이 소음을 많이 낸다.	이웃
☐ rencontrer	J'ai rencontré mon professeur dans la rue, mais il avait l'air d'être assez pressé. 나는 길에서 선생님과 마주쳤는데, 조금 바쁜 듯 보였다. **유의어** fréquenter 교유하다, 왕래하다 se voir (서로) 보다, 만나다	(우연히) 만나다, (약속하여) 만나다

14

| prendre rendez-vous avec qqn | J'ai pris rendez-vous avec Marc pour le déjeuner.
 나는 마크와 점심 약속을 했다.
 유의어 donner (un) rendez-vous à qqn <br> avoir rendez-vous avec qqn | ~와 약속을 잡다 |
| se réunir | Nous nous sommes réunis pour discuter d'un nouveau projet.
 우리는 신규 프로젝트를 논의하기 위해 같이 모였다.
 유의어 se rassembler | 모이다, 집결하다 |

□ grossesse	Pendant la grossesse, l'acool est fortement déconseillé. 임신 기간 동안에 알코올 섭취는 절대 권장되지 않는다. **참고** être enceinte, tomber enceinte 임신하다 f.pl. nausées de la grossesse 입덧	f. 임신
□ accoucher	Ma femme a accouché de jumeaux. 나의 아내는 쌍둥이를 출산했다. **참고** m. accouchement 분만	분만하다, 출산하다
□ nouveau-né	Ce magasin vend des articles pour les femmes enceintes et les nouveau-nés. 이 상점에서는 임산부와 신생아 용품을 판다.	신생아, 갓난아기
□ bébé	Mon bébé me réveille toutes les nuits. 아기가 밤마다 날 깨운다.	m. 아기
□ couche	Savez-vous changer les couches d'un bébé ? 아기 기저귀를 갈 줄 아세요? **참고** '층'이나 '막' 등의 의미로도 사용	f. 기저귀
□ poussette	J'ai promené mon bébé dans la poussette. 나는 아기를 유모차에 태우고서 데리고 다녔다.	f. 유모차
□ jouet	Séverine a reçu beaucoup de jouets à Noël. 세브린은 크리스마스에 장난감을 많이 받았다.	m. 장난감
□ nourrice	J'ai engagé une nourrice pour garder ma fille. 나는 딸을 돌봐 줄 보모 한 명을 고용했다.	f. 보모
□ gazouiller	À quel âge les bébés commencent-ils à gazouiller ? 아이는 몇 살에 옹알이를 시작할까?	옹알이하다

☐ marcher à quatre pattes	Marcher à quatre pattes est l'une des étapes du développement du bébé. 기는 것은 아기의 발달 단계 중 하나다. 참고 ramper 배밀이하다	기다
☐ sucer	Pourquoi bébé suce-t-il son pouce ou sa tétine ? 어째서 아기는 자신의 엄지손가락이나 공갈 젖꼭지를 빠는 것일까?	빨다
☐ s'occuper d'un enfant	S'occuper d'un enfant est une grande responsabilité pour tous les membres de la famille. 아이를 돌보는 것은 가족 전 구성원에게 막중한 책임이다.	아이를 돌보다
☐ jumeaux/ jumelles	L'un des jumeaux est dodu alors que l'autre est mince. 쌍둥이 중 한 명은 통통하고 한 명은 말랐다. 참고 m.pl. frères jumeaux 쌍둥이 형제 f.pl. sœurs jumelles 쌍둥이 자매	쌍둥이
☐ grandir	Les enfants grandissent très vite. 아이들은 매우 빨리 성장한다.	성장하다
☐ vieillir	Je souhaite vieillir dans mon pays natal. 나는 고향에서 늙어 가고 싶다.	늙는다, 나이 먹다
☐ mourir	On veut mourir dans la dignité. 우리는 존엄하게 죽기를 원한다. 유의어 succomber, décéder 참고 f. mort, m. décès 사망, 죽음	죽다
☐ testament	Le père de M. Vincent a laissé un testament olographe. 뱅상 씨의 아버지는 자필 유언장을 남겼다.	m. 유언, 유언장

☐ condoléances	Toutes mes condoléances. 삼가 조의를 표합니다. **참고** être en deuil 상중이다	f.pl. 조의, 애도
☐ funérailles	Tous ses amis se sont rendus à ses funérailles. 그의 모든 친구들이 그의 장례식에 참석했다. **유의어** f.pl. obsèques	f.pl. 장례
☐ défunt(e)	Aux funérailles, j'ai évoqué le souvenir du défunt. 장례식에서 나는 고인과의 추억을 떠올렸다.	고인
☐ cercueil	La mise en bière signifie la mise en cercueil du défunt avant les obsèques. 입관은 장례 전에 고인의 시신을 관 속에 넣는 것을 뜻한다. **유의어** f. bière	m. 관
☐ enterrement	L'enterrement a eu lieu deux jours après son décès. 그의 사망 이틀 후 장례가 이루어졌다. **유의어** m. ensevelissement, f. inhumation	m. 매장, 장례식, 장례
☐ crémation	Les familles qui choisissent la crémation sont de plus en plus nombreuses. 화장을 선택하는 가족들이 점점 더 많아지고 있다. **유의어** f. incinération	f. 화장
☐ tombe	Mon grand-père a mis des fleurs sur la tombe de sa sœur. 할아버지는 자신의 누나 무덤에 꽃을 놓았다.	f. 무덤

☐ se pacser	Léa et Louis se pacsent car ils ne veulent pas se marier. 레아와 루이는 결혼을 원치 않아서 시민연대계약(동거 계약)을 맺었다. 참고 시민연대계약: 두 성인 사이의 동거를 법적으로 인정하는 제도	시민연대 계약(동거 계약)을 맺다
☐ concubin(e)	Mon concubin s'occupe bien de la maison. 내 동거인은 집안일을 잘한다. 유의어 compagnon/compagne	동반자, 동거인
☐ vivre en concubinage	Alice veut vivre en concubinage avec Gabriel. 알리스는 가브리엘과 동거하기를 원한다. 유의어 vivre ensemble	동거하다
☐ se fiancer	Léo s'est fiancé avec Inès mais ils ne se sont pas encore mariés. 레오와 이네스는 약혼했지만 아직 결혼은 하지 않았다. 참고 fiancé(e) 약혼자	약혼하다
☐ mariage	François a demandé Julie en mariage. 프랑수아는 쥴리에게 청혼했다.	m. 결혼
☐ se marier	Ils se marient à la mairie. 그들은 시청에서 결혼식을 올린다. 참고 프랑스에서는 전통적으로 성당에서 결혼식을 올리지만 시청에서 간단히 식을 올리고 혼인신고를 하기도 한다. mariage civil 법률혼 mariage religieux 성당에서 올리는 결혼식, 종교 결혼식	결혼하다
☐ quitter	Lola a décidé de quitter son mari. 로라는 남편을 떠나기로 결심했다. 유의어 se séparer de	헤어지다, 떠나다

☐ divorce	Sa femme demande le divorce. 그의 부인은 이혼을 요구한다. 참고 divorcer 이혼하다	m. 이혼
☐ célibataire	De nos jours les jeunes préfèrent rester célibataires. 요즘 젊은이들은 독신을 선호한다.	미혼, 독신
☐ veuf/veuve	Cela fait maintenant dix ans que Paul est veuf. 폴이 (아내 없이) 홀몸이 된 지도 십 년이 되었다.	홀아비, 과부

참 고 단 어

- ☐ tétine f. 공갈 젖꼭지
- ☐ biberon m. 젖병
- ☐ lait maternel m. 모유
- ☐ lait infantile m. 분유
- ☐ allaiter 모유 수유하다, 젖을 먹이다
- ☐ nourriture pour bébé f. 이유식
- ☐ berceau m. 아기 침대, 요람
- ☐ rehausseur de chaise m. 아기 의자, 부스터 시트

- ☐ siège-auto m. 카시트
- ☐ césarienne f. 제왕절개
- ☐ fausse couche f. 유산
- ☐ avortement m. 임신중절, 낙태
- ☐ stérilité f. 불임
- ☐ insémination artificielle f. 인공수정
- ☐ fécondation in vitro f. 시험관 시술

3 집, 가구, 가전

☐ maison	Je voudrais me reposer dans une jolie maison en bois. 나는 예쁜 통나무집에서 휴식을 취하고 싶다.	f. 집
☐ appartement	Dans les appartements modernes, le salon et la salle de séjour ne sont plus vraiment séparés. 현대식 아파트에서는 응접실과 거실이 따로 확실하게 분리되어 있지 않다.	m. 아파트
☐ studio	J'ai loué un studio pour un an. 나는 1년 계약으로 원룸을 빌렸다.	m. 스튜디오, 원룸
☐ salon	J'ai envie de changer le canapé de mon salon. 나는 응접실 소파를 바꾸고 싶다.	m. 응접실
☐ salle de séjour	Je veux donner à notre salle de séjour une ambiance plus moderne. 나는 우리 집 거실에 좀 더 모던한 분위기를 내고 싶다.	f. 거실
☐ cuisine	Quelque chose brûle dans la cuisine. 부엌에서 무언가가 타고 있다.	f. 부엌, 요리
☐ salle à manger	On prend les repas en commun dans une salle à manger. 식당에서 같이 식사를 한다. 참고 외부 음식점의 경우는 'restaurant'이라는 표현을 사용하고, 구내 식당은 'cantine'을 쓴다. 'salle à manger'는 집안이나 건물 안에 마련된 별도의 식사 공간을 의미한다. 프랑스의 경우, 식사 공간이 주방과 따로 분리되어 있는 경우가 많다.	f. 식당

☐ salle de bains	Aujourd'hui, la salle de bains n'est plus seulement une pièce sanitaire, mais un espace pour la détente et la relaxation. 오늘날 욕실은 비단 씻는 곳일 뿐만 아니라 휴식과 이완을 위한 공간이기도 하다.	f. 욕실
☐ toilettes	Pouvez-vous me dire où sont les toilettes ? 화장실이 어디에 있습니까?	f.pl. 화장실
☐ chambre	La chambre doit être avant tout un lieu de repos paisible et cosy. 침실은 무엇보다도 조용하고 편안한 휴식처가 되어야 한다.	f. 방, 침실
☐ jardin	Il est interdit de cueillir les fleurs dans le jardin. 정원에서 꽃을 꺾으면 안 된다.	m. 정원
☐ mur	Aide-moi à accrocher les cadres au mur. 벽에 액자 거는 것 좀 도와줘.	m. 벽
☐ escalier	Monter et descendre les escaliers fait réellement maigrir. 계단을 오르내리면 정말로 살이 빠진다.	m. 계단
☐ ascenseur	L'ascenseur tombe en panne de façon récurrente. 엘리베이터가 반복적으로 고장이 난다.	m. 엘리베이터
☐ eau du robinet	65% des Français boivent quotidiennement l'eau du robinet. 프랑스인의 65%는 일상적으로 수돗물을 마신다. 유의어 f. eau courante	f. 수돗물

☐ robinet	J'ai oublié de fermer le robinet de ma baignoire. 욕조의 수도꼭지 잠그는 것을 깜박했다.	m. 수도꼭지
☐ lavabo	Le lavabo de la salle de bains est bouché par un amas de cheveux. 머리카락 뭉치 때문에 욕실 세면대가 막혔다.	m. 세면대
☐ baignoire	Tu peux faire couler l'eau dans la baignoire ? 욕조에 물 좀 받아 줄래?	f. 욕조
☐ fenêtre	La fenêtre donne sur un jardin. 창문이 정원 쪽으로 나 있다.	f. 창문
☐ porte	Tu peux ouvrir la porte ? 문 좀 열어 줄래? 참고 f. entrée 대문, 입구	f. 문, 방문, 현관문, 출입구
☐ locataire	Je cherche des locataires ces jours-ci. 요즘 나는 세입자를 찾고 있다.	세입자
☐ propriétaire	Cette réparation sera à la charge du propriétaire. 여기는 집주인 부담으로 수리해야 한다.	집주인
☐ ville	Le coût de la vie en ville est trop élevé. 도시는 생활비가 너무 많이 든다. 반의어 f. campagne	f. 도시
☐ banlieue	Les prix de l'immobilier grimpent en banlieue parisienne. 파리 교외 지역에서 부동산 가격이 급등한다.	f. 교외

☐ bâtiment	Ce bâtiment est à la fois vétuste et monstrueux. 이 건물은 노후하고 흉물스럽다. 유의어 m. immeuble	m. 건물, 빌딩
☐ quartier	Le 16ème arrondissement est le quartier le plus chic de Paris. 16구는 파리에서 제일 세련된 동네다.	m. 동네, 구역
☐ décorer	J'ai passé assez de temps à décorer notre appartement après le déménagement. 나는 이사 후 집을 꾸미는 데에 꽤 많은 시간을 썼다.	꾸미다
☐ rénover	Ce restaurant vient d'être entièrement rénové. 이 식당은 얼마 전 완전히 새로 수리했다.	고치다, 수리하다
☐ bricolage	Le dimanche, je fais du bricolage avec mon fils. 나는 일요일마다 아들과 함께 집안을 손본다.	m. (집안의 간단한) 수리, 공작, 공예
☐ pendre la crémaillère	On va pendre la crémaillère pour fêter son installation dans sa nouvelle maison. 그가 새집에 자리 잡은 기념으로 집들이를 할 것이다.	집들이를 하다
☐ bouilloire	Maman a mis de l'eau dans la bouilloire pour faire du thé. 엄마가 차를 끓이기 위해 주전자에 물을 넣었다. 참고 f. bouilloire électrique 전기 포트	f. 주전자
☐ cafetière électrique	Alice a acheté une nouvelle cafetière électrique. 알리스가 새 커피 머신을 샀다.	f. 커피 머신

☐ four à micro-ondes	Utilisez ce four à micro-ondes pour réchauffer votre plat. 이 전자레인지를 이용해서 음식을 데우세요.	m. 전자 레인지
☐ lave-vaisselle	C'est un lave-vaisselle d'une capacité de 10 couverts. 이것은 10인용 용량의 식기세척기이다. **참고** m. couvert (한 사람 분의) 식기 세트	m. 식기 세척기
☐ réfrigérateur	Ne rangez jamais des plats encore chauds dans le réfrigérateur. 아직 뜨거운 음식은 절대 냉장고에 넣지 마세요. **약어** m. frigo	m. 냉장고
☐ congélateur	La température idéale dans le congélateur est de moins dix-huit degrés(-18°C). 냉동고 내부의 이상적인 온도는 영하 18℃이다.	m. 냉동고
☐ grille-pain	Ce grille-pain grille les tranches de pain en une minute. 이 토스터는 1분 만에 빵 조각을 굽는다.	m. 토스터
☐ mixeur	Après chaque utilisation, il faut bien nettoyer le mixeur. 매번 사용 후에는 믹서를 잘 세척해야 한다. **참고** m. batteur 거품기 f. centrifugeuse 쥬서기 m. extracteur de jus 착즙기	m. 믹서
☐ machine à laver	La machine à laver est l'électroménager le plus utilisé dans les foyers. 세탁기는 가정에서 가장 많이 사용되는 가전제품이다.	f. 세탁기
☐ fer à repasser	Le fer à repasser permet de défroisser les vêtements. 다리미는 옷의 구김을 없애 준다.	m. 다리미

☐ machine à coudre	Comment utiliser une machine à coudre ? 재봉틀은 어떻게 사용합니까?	f. 재봉틀
☐ aspirateur	Papa passe l'aspirateur. 아빠가 청소기를 돌린다.	m. 청소기
☐ sèche-cheveux	Elle a besoin d'un mini sèche-cheveux pour son voyage. 그녀는 여행을 위한 미니 헤어드라이어가 필요하다.	m. 헤어 드라이어
☐ climatiseur	Je voudrais acheter un climatiseur performant parce qu'il fait trop chaud chez moi. 우리 집은 너무 더워서, 나는 성능이 좋은 에어컨을 사고 싶다.	m. 에어컨
☐ lit	Tous les matins, il fait son lit avant de quitter sa chambre. 매일 아침, 그는 방을 나가기 전에 침대를 정리한다.	m. 침대
☐ matelas	Ce matelas est très confortable. 이 매트리스는 매우 편안하다.	m. 매트리스
☐ coiffeuse	Il a offert à sa femme une belle coiffeuse avec miroir. 그는 자신의 부인에게 거울이 달린 예쁜 화장대를 선물했다.	f. 화장대
☐ commode	Cette commode a quatre grands tiroirs. 이 서랍장에는 네 개의 큰 서랍이 있다.	f. 서랍장

bibliothèque	Pourriez-vous ranger les livres dans la bibliothèque selon leur taille et leur couleur ? 책장에 책들을 크기와 색상별로 정리해 주겠습니까?	f. 책장
bureau	L'enfant se cache sous le bureau de sa mère. 아이가 어머니의 책상 밑에 숨어 있다.	m. 책상, 서재, 사무실
chaise	Grand-mère est assise sur une chaise. 할머니는 의자에 앉아 있다. 참고 être assis dans un fauteuil 안락의자에 앉아 있다	f. 의자
canapé	Ce canapé est idéal pour les paresseux. 이 소파는 게으른 사람들에게 이상적이다.	m. 소파
table	À table ! Le dîner est prêt. 식탁에 앉으세요! 저녁 준비가 다 됐습니다.	f. 식탁

☐ réveil	Il a éteint le réveil. 그는 자명종을 껐다.	m. 자명종, 알람
☐ se réveiller	Il s'est réveillé à cause du bruit. 그는 소음 때문에 잠에서 깼다.	잠에서 깨다
☐ se lever	Ma mère se lève tôt. 어머니는 일찍 일어나신다. 참고 se réveiller는 '눈을 뜨다', se lever는 '자리에서 일어나다' 의미가 강조된 용법으로 쓰인다.	기상하다, 일어나다
☐ grasse matinée	Le dimanche, je fais la grasse matinée. 나는 일요일마다 늦잠을 잔다. 참고 요일 앞에 정관사가 붙으면 '매주 ~요일' 혹은 '~요일마다'의 뜻이 된다.	f. 늦잠
☐ se coucher	Il s'est couché tard hier soir. 그는 어제저녁에 늦게 잤다.	눕다, 자다
☐ bain	D'habitude je prends une douche, mais quand j'ai le temps, je préfère prendre un bain. 평소에 나는 샤워를 하지만, 시간이 있을 때는 목욕하 는 것을 더 좋아한다. 참고 f. douche 샤워	m. 목욕
☐ savon	Les filles se lavent les mains avec du savon. 여자아이들이 비누로 손을 씻는다.	m. 비누
☐ brosse à dents	Mets du dentifrice sur ta brosse à dents ! 칫솔에 치약을 묻혀야지!	f. 칫솔

☐ rasoir	Ce matin, il s'est rasé avec un rasoir jetable.	m. 면도기
	오늘 아침에 그는 일회용 면도기로 면도했다.	
	참고 m. rasoir mécanique 전동면도기	

☐ peigne	Peux-tu me prêter ton peigne ? Je n'ai rien pour me coiffer.	m. 빗
	빗 좀 빌려줄래? 머리를 손질할 만한 게 아무것도 없네.	
	참고 se peigner (자신의) 머리를 빗다	

☐ se coiffer	Comme tu as un rendez-vous important, il vaudrait mieux te coiffer correctement.	(자신의) 머리를 손질하다
	중요한 약속이 있으니 머리를 손질하는 것이 좋겠다.	
	참고 f. coiffure 머리장식, 머리쓰개, 헤어스타일	

☐ se maquiller	Tu n'as pas besoin de te maquiller pour être belle.	화장하다
	너는 예뻐지려고 화장할 필요가 없어.	

☐ s'habiller	Il s'est bien habillé pour son premier rendez-vous amoureux.	옷을 입다
	그는 첫 데이트를 위해 잘 차려 입었다.	
	반의어 se déshabiller 옷을 벗다	

☐ manger	Ils mangent du pain, des œufs, du fromage et du jambon pour le petit-déjeuner.	먹다
	그들은 아침으로 빵, 계란, 치즈, 햄을 먹습니다.	

☐ boire	Nadine aime boire du chocolat chaud.	마시다
	나딘은 핫초콜릿 마시는 것을 좋아한다.	

☐ aller à l'école	Le père va au travail en métro et les enfants vont à l'école à pied.	등교하다
	아버지는 지하철을 타고 출근하시고 아이들은 걸어서 학교에 간다.	
	참고 aller au travail; aller au boulot 출근하다	

serviette (de bain)	Après le bain, essuie-toi avec cette serviette. 목욕을 마치면 이 수건으로 몸을 닦으렴. 참고 f. serviette hygiénique 생리대	f. (목욕) 수건
torchon (de vaisselle)	Elle préfère utiliser un torchon pour essuyer la vaisselle plutôt que de la laisser sécher à l'air. 그녀는 설거지한 그릇을 그냥 말리기보다는 행주로 닦는 것을 좋아한다.	m. 행주
chiffon	Il a passé un coup de chiffon pour enlever les taches sur la table. 그는 탁자 위 얼룩을 제거하려고 걸레질했다.	m. 헝겊, 걸레
éponge	Cette éponge de cuisine est très absorbante. 이 주방 스펀지는 흡수력이 좋다.	f. 스펀지
courses	Cet après-midi, nous allons faire les courses. 우리는 오늘 오후에 장을 보러 갈 것이다.	f.pl. 장보기
balai	Il prend le balai et balaye le sol. 그는 빗자루를 들고 바닥을 쓸었다.	m. 비, 빗자루
ménage	Elle devait continuer à faire le ménage tout en s'occupant de son bébé de sept mois. 그녀는 7개월 된 아기를 돌보면서 계속해서 집안일을 해야 했다.	m. 집안일
poubelle	Sa mère a l'habitude de sortir la poubelle tard dans la soirée. 그의 어머니는 저녁 늦게 쓰레기를 밖에 내어 놓는 습관이 있다.	f. 쓰레기통

☐ linge	Il étend le linge sur la corde à linge. 그는 빨랫줄에 빨래를 널었다. **참고** laver le linge 빨래를 하다 sécher le linge 빨래를 말리다	m. 세탁물, 빨래
☐ ranger	J'ai rangé la maison avant l'arrivée de mes parents. 나는 부모님이 도착하기 전에 집을 정리했다.	정리하다, 정돈하다
☐ se dépêcher	Dépêchez-vous, les enfants, vous allez rater le bus ! 얘들아, 서두르렴, 버스 놓치겠다!	서두르다

쉬어가기

1 다양한 형태의 숙소

appartement/studio meublé : 일반 주택	임대차계약을 맺고 가구 딸린 아파트나 원룸 등에 세를 들어 사는 형태. 대부분 월세를 지불한다.
famille d'accueil : 홈스테이	프랑스 가족과 같은 집에서 함께 생활하는 형태. 대부분 독실을 하나 배정받으며, 그 외 시설은 가족과 공동으로 사용한다. 월세 형태로 지불하는 홈스테이 비용에 매 끼니의 식사 비용이 포함된다.
auberge de jeunesse : 유스호스텔	학생이나 젊은 직장인 등 특정 계층을 대상으로 하는 사설 기숙사. 사전 예약 및 당일 투숙이 모두 가능하다.
chambre d'hôtes : 게스트하우스	주로 개인이 운영하는 단기 투숙 형태의 숙소. 조식을 제공하며 투숙객과 숙소 운영자 간의 친밀한 분위기가 특징이다.

2 일반 주택의 종류

프랑스에서는 **T**나 **F**의 알파벳에 숫자를 붙여 주택 형태를 표시하는데, 이때 **T(type)**나 **F(fonction)**는 '주택의 종류'를, 그 뒤에 붙는 숫자는 주방, 화장실, 욕실을 제외한 방의 개수를 의미한다. 따라서 T/F 뒤의 숫자보다 1개 적은 것이 방의 개수가 된다.

Chambre : 원룸 (공용 화장실)	화장실이나 욕실, 주방은 없이 방만 독실로 쓰는 형태. 최소 면적 9㎡ 이상.
Studio : 원룸(개별 화장실)	주방이 딸린 스튜디오. 개별 화장실 및 욕실이 포함됨.
T1/F1 : 원룸 (개별 주방, 개별 화장실)	주방이 침실과 분리된 스튜디오. 개별 화장실 및 욕실이 포함됨.
T1/F1 bis : 원룸 (주방, 개별 화장실)	주방이 침실과 붙어 있지만 면적이 넓은 스튜디오. 개별 화장실 및 욕실이 포함됨.
T2/F2 : 아파트(방 1개)	방 1개, 거실, 주방, 화장실, 욕실이 분리됨.
T3/F3 : 아파트(방 2개)	방 2개, 거실, 주방, 화장실, 욕실이 분리됨.
T4/F4 : 아파트(방 3개)	방 3개, 거실, 주방, 화장실, 욕실이 분리됨.

T5/F5 : 아파트(방 4개)	방 4개, 거실, 주방, 화장실, 욕실이 분리됨.
Duplex : 복층형	계단 있음.
Cabine : 이층 침대	별도의 이층 침대를 놓을 독립된 공간(약 3㎡ 면적)이 있음.
Loft : 로프트	공장을 개조한 아파트. 대부분 개방형 구조임.

3 부동산 관련 필수 어휘

- accessible aux handicapés/fauteuils roulants : 장애인/휠체어 이용 가능
- avis d'imposition : 납세고지서
- bulletins de salaire : 급여명세서
- cabinet de toilette : 세면대와 변기가 딸린 화장실
- carte d'étudiant/certificat de scolarité : 학생증/재학증명서
- carte d'identité : 주민등록증
- caution solidaire : 연대보증인
- chambre avec(sans) douche(salle de bains): 샤워부스(욕조)가 딸린(없는) 방
- chambre non-fumeur : 비흡연자 전용 방
- climatisation : 에어컨 설비
- contrat de travail/attestation d'employeur : 노동계약서/고용계약확인서
- dépôt de garantie : 보증금
- dépourvu d'ascenseur/avec ascenseur : 엘리베이터 없음/있음
- douche et WC : 샤워실과 화장실
- livret de famille : 가족관계등록부
- loyer(hors charges/charges comprises) : 집세(공과금 미포함/포함)
- quittances de loyer : 집세 영수증
- RIB (Relevé d'Identité Bancaire) : 계좌명세서
- salle de bains : 욕실
- salle d'eau : 샤워실
- WC communs : 공용 화장실
- WC et bain : 화장실과 욕실

1 다음을 읽고 가계도의 빈칸에 알맞은 이름을 채우세요.

> Chloé a deux enfants. Carole a un petit frère.
> Thomas est le beau-fils de Maxime. Pierre est le petit-fils de Julie.
> Maxime est le grand-père de David. Marie est la belle-fille de Maxime.
> Nicolas est l'oncle de Pierre. Julie est la belle-mère de Thomas.
> David est le cousin de Carole.

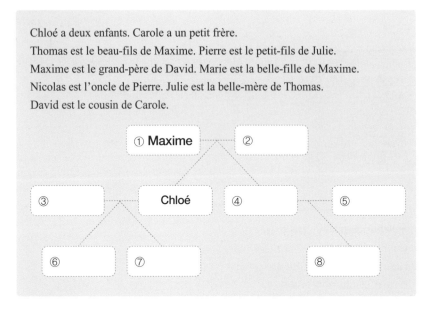

2 그림에 맞는 단어를 찾아 연결하세요.

①

②

③

④

⑤

- a) le lit

- b) le four à micro-ondes

- c) le réfrigérateur

- d) la coiffeuse

- e) la machine à laver

3 밑줄 친 의미에 맞게 빈칸에 알맞은 단어를 쓰세요.

① Jean veut (   ) et avoir beaucoup d'enfants. Mais il n'a pas encore
trouvé la femme de sa vie. Il est toujours (   ).
장은 <u>결혼해서</u> 많은 아이를 가지고 싶어 한다. 그러나 아직 이상형을 만나지 못해서 여
전히 <u>싱글</u>이다.

② Ce matin, nous (   ) à contrecœur.
오늘 아침에 우리는 억지로 <u>일어났다</u>.

4 다음 중 괄호 안에 들어가기에 적절한 장소는?

Il est interdit de cueillir les fleurs dans (   ).

① la salle de bains   ② le jardin

③ la cuisine   ④ la salle de séjour

정답

1 ② Julie ③ Thomas ④ Nicolas ⑤ Marie ⑥ Carole ⑦ Pierre ⑧ David

2 ① e ② b ③ d ④ a ⑤ c

3 ① se marier, célibataire ② nous sommes réveillés 또는 nous sommes levés

4 ② [해석: (정원)에서 꽃을 꺾으면 안 된다. ① 욕실 ② 정원 ③ 부엌 ④ 거실]

Santé
et Vie affective

건강과 감정

☐ corps	Le corps humain est constitué des organes, des muscles et des os, etc. 사람의 몸은 여러 기관과 근육, 뼈 등으로 구성된다.	m. 몸
☐ taille	La taille de Jules est de 1 mètre 70. 쥘의 키는 1m 70cm이다. 참고 être petit(e) 키가 작다 　　 être grand(e) 키가 크다	f. 키, 허리
☐ poids	Pour perdre du poids, il faut pratiquer une activité physique régulière. 체중을 줄이기 위해서는 규칙적인 운동을 해야 한다. 참고 être maigre 마르다 　　 être gros/grosse 뚱뚱하다	m. 몸무게, 체중
☐ apparence	Ne jugez jamais les gens sur leur apparence. 사람들을 절대 외모로 판단하지 마세요. 참고 être beau/belle 잘생기다/아름답다 　　 être laid(e) 못생기다	f. 외모
☐ tête	Emma a mis un nouveau chapeau sur sa tête. 에마가 머리에 새 모자를 썼다.	f. 머리
☐ cheveux	Camille a les cheveux bruns et mi-longs. 카미유의 머리는 어깨까지 오는 갈색 머리다.	m.pl. 머리카락
☐ visage	L'enfant a caché son visage dans ses mains. 아이는 손으로 얼굴을 가렸다.	m. 얼굴
☐ front	Papa a un grand front. 아빠는 이마가 넓다.	m. 이마

sourcil	Maman a des sourcils très épais.	m. 눈썹
	엄마는 눈썹 숱이 아주 많다.	
	참고 m. cil 속눈썹	

œil / yeux	Gabriel a les yeux marron.	m.pl. 눈
	가브리엘은 눈이 밤색이다.	
	문법 참고 일반적으로 색깔을 나타내는 형용사는 명사 와 성·수를 일치시키지만, 색깔 형용사가 보 통 명사인 경우는 성·수 불변임. – des yeux marron 밤색 눈 – des yeux bleus 파란 눈 ※ 예외: mauve, rose 등	

| nez | Le nez, c'est l'organe qui sert à sentir les odeurs et à respirer. | m. 코 |
| | 코는 냄새를 맡고 숨을 쉬는 데 쓰이는 신체 기관이다. | |

| oreille | Le lapin a de grandes oreilles. | f. 귀 |
| | 토끼는 큰 귀가 있다. | |

| joue | Alice embrasse Hugo sur les deux joues. | f. 볼 |
| | 알리스가 위고의 양 볼에 입맞춘다. | |

| bouche | Lucie a mis un biscuit tout entier dans sa bouche. | f. 입 |
| | 루시가 비스킷 하나를 통째로 입에 넣었다. | |

| lèvre | Les lèvres jouent un rôle important dans l'expression faciale. | f. 입술 |
| | 입술은 표정을 지을 때 중요한 역할을 한다. | |

| langue | Paul a tiré la langue à son grand frère. | f. 혀 |
| | 폴이 형에게 혀를 내밀었다. | |

dent	Il faut se brosser les dents avant de se coucher. 자기 전에 꼭 이를 닦아야 한다.	f. 치아
menton	Mon père a une barbe si épaisse qu'on ne voit pas son menton. 아버지는 수염이 많아서 턱이 보이지 않는다.	m. 턱
gorge	J'ai mal à la gorge, je ne peux pas parler fort. 나는 목이 아파서 크게 말할 수 없다. 참고 pouvoir 동사는 부정문에서 pas를 생략하기도 한다.	f. 목구멍
épaule	Baptiste a haussé les épaules. 바티스트가 (관심 없다는 듯) 어깨를 으쓱해 보였다.	f. 어깨
bras	L'homme a deux bras et deux jambes. 사람에게는 두 팔과 두 다리가 있다.	m. 팔
main	Les enfants se lavent les mains avant le goûter. 아이들이 간식을 먹기 전에 손을 씻는다.	f. 손
doigt	Mia a mis une bague à son doigt. 미아는 손가락에 반지 하나를 꼈다. 참고 f. empreinte digitale 지문	m. 손가락
ongle	Maman se met du vernis rouge sur les ongles. 엄마가 손톱에 빨간 매니큐어를 바른다.	m. 손톱, 발톱
poignet	Il s'est blessé au poignet. 그는 손목을 다쳤다.	m. 손목

□ poitrine	Ce vieil homme avait des douleurs dans la poitrine. 이 노인은 가슴에 통증이 있었다.	f. 가슴
□ ventre	Allongez-vous sur le ventre. 배를 대고 누우세요.	m. 배
□ nombril	Le nombril est la cicatrice laissée par la chute du cordon ombilical. 배꼽은 탯줄이 떨어지면서 생긴 상처 자국이다.	m. 배꼽
□ dos	Le yoga est une activité idéale pour prévenir les douleurs au dos. 요가는 등의 통증 예방에 이상적인 운동이다.	m. 등
□ fesses	L'enfant qui commence à marcher tombe souvent sur les fesses. 걸음마를 시작한 아이는 자주 엉덩방아를 찧는다. 유의어 m. derrière	f.pl. 엉덩이
□ jambe	Chloé levait la jambe en dansant le ballet. 클로에는 발레를 하면서 다리를 들어 올렸다.	f. 다리
□ cuisse	Cet athlète a de grosses cuisses. 이 육상 선수는 허벅지가 굵다.	f. 허벅지
□ genou	Mon oncle s'est mis à genoux pour demander sa petite amie en mariage. 삼촌은 여자친구에게 청혼하기 위해 무릎을 꿇었다.	m. 무릎
□ cheville	Antoine s'est foulé la cheville en tombant. 앙투안은 넘어지면서 발목을 삐었다.	f. 발목

□ pied	Les enfants aiment courir pieds nus sur la plage.	m. 발
	아이들은 해변에서 맨발로 뛰는 것을 좋아한다.	
	참고 à pied 걸어서, 도보로	

| □ orteil | On a cinq orteils à chaque pied. | m. 발가락 |
| | 각 발에는 다섯 개의 발가락이 있다. | |

| □ talon | Le garçon marche sur la pointe des pieds, sans poser le talon par terre. | m. 발꿈치 |
| | 남자아이는 발꿈치를 땅에 대지 않고 발끝으로 걷고 있다. | |

| □ os | Anna est trop maigre, elle n'a que la peau sur les os. | m. 뼈 |
| | 아나는 너무 말랐다. 뼈 위에 가죽밖에 없다. | |

| □ articulation | Mon grand-père s'est fait opérer de l'articulation du genou. | f. 관절 |
| | 우리 할아버지는 무릎 관절 수술을 받았다. | |

| □ muscle | Comment développer ses muscles naturellement ? | m. 근육 |
| | 어떻게 하면 근육을 자연스럽게 발달시킬 수 있을까? | |

□ peau	Donnez-moi une crème hydratante pour peau sèche, s'il vous plaît.	f. 피부
	건성 피부용 수분 크림 하나 주세요.	
	참고 cutané(e) 피부의 f. maladie cutanée 피부병	

□ sang	Le corps humain renferme environ cinq litres de sang.	m. 피
	인간의 몸에는 약 5L의 피가 있다.	
	참고 m.pl. groupes sanguins 혈액형 f. transfusion sanguine 수혈 m. don de sang 헌혈	

vaisseaux sanguins	On distingue trois grandes catégories de vaisseaux sanguins : les artères, les capillaires, les veines. 혈관은 동맥, 모세혈관, 정맥 등 크게 세 종류로 구분된다.	m.pl. 혈관
organe	L'oreille est l'organe de l'audition. 귀는 청각 기관이다. **참고** m. don d'organe 장기 기증 f. greffe d'organe 장기 이식	m. 장기, 기관
cerveau	La fuite des cerveaux s'accélère en France. 프랑스에서 해외 두뇌 유출이 증가하고 있다.	m. 뇌, 두뇌
cœur	Le cœur de Victor bat très vite parce qu'il a couru à toute vitesse. 빅토르는 전속력으로 달렸기 때문에 그의 심장이 매우 빨리 뛰고 있다.	m. 심장
sein	Le bébé tète le sein de sa maman. 아기가 엄마의 젖을 빨고 있다.	m. 젖가슴, 유방
estomac	Tiago a mangé son gâteau trop vite, il a mal à l'estomac. 티아고는 케이크를 너무 빨리 먹어서 위가 아프다.	m. 위
poumon	Cet ouvrier respire mal et il tousse. Il doit avoir quelque chose aux poumons. 이 노동자는 숨을 잘 못 쉬고 기침을 한다. 폐에 뭔가 문제가 있는 것 같다.	m. 폐
hormone	Les œstrogènes et la progestérone sont deux types d'hormones féminines. 에스트로겐과 프로게스테론은 두 종류의 여성 호르몬이다.	f. 호르몬

□ sueur	La chemise du professeur est trempée de sueur. 교수의 셔츠가 땀으로 흠뻑 젖었다. 참고 transpirer 땀을 흘리다	f. 땀
□ larme	De grosses larmes coulent sur ses joues. 굵은 눈물이 그의 빰 위로 흐른다.	f. 눈물
□ morve	La morve est le liquide qui sort du nez. 콧물은 코에서 나오는 액체다. 참고 avoir le nez qui coule 콧물을 흘리다	f. 콧물
□ pet	Le patient a lâché un pet quelques temps après l'opération. 환자는 수술 후 얼마 있다가 방귀를 뀌었다.	m. 방귀
□ tousser	Edouard est enrhumé, il tousse beaucoup. 에두아르는 감기에 걸려서 기침을 많이 한다. 참고 f. toux 기침	기침하다
□ éternuer	Ma fille a le nez qui coule et elle éternue sans cesse. 딸아이는 콧물이 나고 끊임없이 재채기를 한다. 참고 m. éternuement 재채기	재채기하다
□ †hoquet	Raphaël a le hoquet et il n'arrive pas à l'arrêter. 라파엘은 딸꾹질이 나지만 멈출 수가 없다.	m. 딸꾹질
□ bâiller	Le film est trop ennuyeux, les spectateurs commencent à bâiller. 영화가 너무 지루해서 관객들이 하품을 하기 시작한다.	하품하다

règles	Elise a eu ses premières règles le jours de ses 13 ans.	f.pl. 생리, 월경
	엘리즈는 열 세 살이 되던 날 첫 생리를 했다.	
	유의어 f. menstruation	
	참고 f. crampe menstruelle	
	f.pl. douleurs des règles 생리통	
santé	Ma grand-mère est en bonne santé.	f. 건강
	우리 할머니는 건강하시다.	

참 고 단 어

- [ ] rein m. 신장
- [ ] côlon m. 대장
- [ ] pancréas m. 췌장
- [ ] appendice m. 맹장, 충수
- [ ] utérus m. 자궁

☐ troubles	Après l'accident, il souffre de troubles cognitifs. 사고 후, 그는 인지 장애를 겪고 있다.	m.pl. 장애
☐ maladie	Il est atteint d'une maladie incurable. 그는 불치병에 걸렸다.	f. 병, 질환
☐ diagnostic	Le médecin a examiné le malade, puis il a posé son diagnostic. 의사는 환자를 진찰한 뒤 진단을 내렸다. 참고 m. diagnostic précoce 조기 진단	m. 진단
☐ dépistage	Le dépistage permet de diagnostiquer tôt certains cancers avant l'apparition des premiers symptômes. 검진은 증상이 발현되기 이전에 일부 암의 조기 진단을 할 수 있게 해 준다.	m. 검진, 발견
☐ malade	Maxime était très malade pendant quelques jours. 막심은 며칠 동안 매우 아팠다.	아픈, 병든
☐ guérir	Maxime a bien suivi les prescriptions du médecin et il a vite guéri. 막심은 의사의 처방을 잘 따랐고, 금세 나았다.	낫다, 치유되다
☐ soins	Romy va recevoir des soins à l'hôpital. 로미는 병원에서 치료를 받을 것이다. 유의어 m. traitement	m.pl. 치료
☐ effets secondaires	Les effets secondaires de ce nouveau médicament ne sont pas encore connus. 이 신약의 부작용은 아직 알려지지 않았다.	m.pl. 부작용

□ sequelles	Les sequelles de l'accident de voiture sont multiples. 교통사고의 후유증은 여러 가지다.	f.pl. 후유증
□ congénital(e)	Il est difficile de connaître les causes exactes de cette maladie congénitale. 이 선천적 질환의 정확한 원인을 알기는 어렵다. 유의어 inné(e) 반의어 acquis(e) 후천적	선천적
□ génétique	Il existe environ 6 000 maladies génétiques dans le monde. 세상에는 약 6,000종의 유전성 질환이 존재한다. 유의어 héréditaire	유전의
□ symptôme	Quels sont les symptômes de la grippe ? 독감의 증상은 어떤 것들입니까?	m. 증상
□ douleur	J'ai pris un médicament pour apaiser la douleur. 나는 통증을 가라앉히기 위해 약을 먹었다.	f. 통증
□ infection	Est-ce qu'il y a un risque d'infection ? 감염의 위험이 있습니까?	f. 전염, 감염
□ aigu(ë)	Le patient souffre de douleurs aiguës à l'abdomen. 환자는 급성 복부 통증에 시달리고 있다. 반의어 chronique 만성의	급성의
□ inflammation	La bronchite est une inflammation des bronches. 기관지염은 기관지에 염증이 생긴 것이다.	f. 염증

☐ immunitaire	Le système immunitaire est le système de défense de notre corps contre la maladie. 면역체계란 질병에 대항하는 우리 몸의 방어 체계다.	면역의
☐ blessure	Il faut bien soigner la blessure pour prévenir l'infection. 감염을 막기 위해 상처를 잘 치료해야 한다. 유의어 f. plaie, lésion 참고 f. brûlure 화상 f. coupure 자상 f. contusion 멍(=bleu), 타박상 f. écorchure 찰과상 f. fracture 골절 f. entorse 삐기, 염좌	f. 부상, 상처
☐ hémorragie	L'hémorragie est un écoulement de sang hors des vaisseaux sanguins. 출혈은 혈관 밖으로 혈액이 유출되는 것이다. 유의어 m. saignement	f. 출혈
☐ fièvre	Lucas a de la fièvre. 뤼카는 열이 난다.	f. 열
☐ frisson	Il fait très froid, Clara a des frissons. 날씨가 매우 추워서 클라라는 오한이 난다.	m. 오한
☐ vertige	Margaux a des vertiges car elle n'a pas mangé depuis hier. 마고는 어제부터 아무것도 먹지 않아서 현기증이 난다. 유의어 m. étourdissement	m. 현기증
☐ maux de tête	Ce médicament est très efficace contre les maux de tête. 이 약은 두통에 효과가 아주 좋다. 참고 f. migraine 편두통	m.pl. 두통

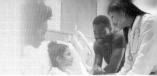

☐ rhume	Elle a attrapé un rhume parce qu'elle est restée longtemps sous la pluie. 그녀는 오랫동안 빗속에 있어서 감기에 걸렸다. 유의어 attraper froid	m. 감기
☐ grippe	J'ai attrapé la grippe à l'école 나는 학교에서 독감에 걸렸다.	f. 독감
☐ diarrhée	Quand vous avez la diarrhée, buvez de l'eau pour ne pas vous déshydrater. 설사를 하는 경우, 탈수증에 걸리지 않도록 물을 마시십시오.	f. 설사
☐ constipation	Pour prévenir la constipation, il est recommandé d'éviter la nourriture trop épicée ou trop grasse. 변비를 예방하기 위해서, 너무 자극적이거나 기름진 음식은 피하는 것이 좋다. 참고 être constipé(e) 변비에 걸리다	f. 변비
☐ hypertension	Les causes de l'hypertension sont multiples. 고혈압의 원인은 여러 가지가 있다. 반의어 f. hypotension 저혈압	f. 고혈압
☐ obèse	Si tu manges trop comme ça, tu vas devenir obèse ! 너 그렇게 많이 먹으면 비만이 될 거야! 참고 f. obésité 비만 　　m. surpoids 과체중	비만한, 뚱뚱한
☐ stress	Le stress peut avoir de graves conséquences sur la santé. 스트레스는 건강에 심각한 영향을 미칠 수 있다.	m. 스트레스

☐ allergie	Emilie fait une allergie à la pêche. 에밀리는 복숭아 알레르기가 있다.	f. 알레르기
☐ être paralysé(e)	Une jambe de Sébastien est paralysée à cause de l'accident de la route. 세바스티앙의 한쪽 다리가 교통사고 때문에 마비되었다. 참고 f. paralysie 마비	마비되다
☐ crise cardiaque	Si une personne fait une crise cardiaque, elle peut sentir la douleur à la poitrine. 심장마비가 오는 사람의 경우, 가슴에 통증을 느낄 수 있다.	f. 심장마비
☐ sida	Le 1er décembre est la journée mondiale de lutte contre le sida. 12월 1일은 세계 에이즈 퇴치의 날이다. 참고 syndrome d'immunodéficience acquis 후천 면역 결핍증	m. 에이즈
☐ démence	La démence sénile s'est fortement multipliée. 노인성 치매가 급격히 증가했다.	f. 치매
☐ alcoolisme	Il n'est pas guéri de l'alcoolisme. 그는 알코올 의존증에서 벗어나지 못했다.	m. 알코올 의존증
☐ dépression	Chez les personnes atteintes de dépression, l'entourage joue un rôle très important dans la guérison. 우울증에 걸린 사람들의 치료에는 주변 사람들의 역할이 매우 중요하다.	f. 우울증

☐ insomnie

En dehors de la prise de médicaments, il existe plusieurs solutions naturelles contre l'insomnie.

약물 외에도, 불면증을 해결하는 여러 가지 자연적인 방법이 존재한다.

f. 불면증

☐ épidémie

De nombreux élèves sont absents à cause de l'épidémie de grippe.

전염병 때문에 결석한 학생들이 많다.

f. 전염병, 유행병

☐ vaccination

Dans certains pays, on demande un certificat de vaccination aux étrangers.

몇몇 나라에서는 외국인들에게 예방접종 증명서를 요구한다.

f. 예방접종

☐ cancer

Les médecins et les chercheurs s'efforcent d'éradiquer le cancer.

의사와 연구자들은 암을 근절하기 위해 노력하고 있다.

m. 암

☐ kinésithérapie

La kinésithérapie est efficace pour soulager le mal de dos.

물리 치료는 등의 통증을 완화하는 데 효과적이다.

약어 kiné

f. 물리 치료

☐ patient(e)

Un patient est une personne souffrant d'une maladie.

환자란 병을 앓고 있는 사람이다.

유의어 malade

환자

☐ médecin

Patrick est malade alors son père a appelé le médecin.

파트릭이 아파서 그의 아버지가 의사를 불렀다.

m. 의사

☐ infirmier/ infirmière

L'infirmière a fait une piqûre à Alex.

간호사가 알렉스에게 주사를 놓았다.

간호사

☐ stéthoscope	Le médecin a utilisé son stéthoscope afin d'écouter les battements cardiaques du patient. 의사는 환자의 심장 박동을 듣기 위해 청진기를 사용했다.	m. 청진기
☐ examen médical	L'examen médical permet de confirmer l'absence ou la présence de maladies. 건강검진을 통해 질병의 유무를 확인할 수 있다.	m. 건강검진
☐ radiographie	La radiographie peut être dangereuse si elle est trop fréquemment pratiquée. X선 촬영을 너무 자주하면 위험할 수도 있다.	f. X선 촬영
☐ échographie	L'échographie permet de connaître l'état de santé et de développement du bébé. 초음파 검진은 태아의 건강 및 발달 상태를 알 수 있게 해 준다.	f. 초음파 검진
☐ hôpital	Les blessés ont été transportés à l'hôpital. 부상자들은 병원으로 이송되었다.	m. 병원
☐ se faire hospitaliser	Célia s'est faite hospitalisée pendant deux semaines. 셀리아는 2주 동안 병원에 입원했었다.	입원하다
☐ sortir de l'hôpital	Après deux mois de traitement, ils sont sortis de l'hôpital. 두 달 간의 치료 후, 그들은 퇴원했다.	퇴원하다

premiers secours	Vous pouvez apprendre les gestes de premiers secours à travers une formation simple et courte. 간단하고 짧은 교육을 통해서 응급처치 방법을 배울 수 있습니다.	m.pl. 응급처치
urgences	Les secouristes ont amené le malade aux urgences. 구조대원들이 환자를 응급실로 데려왔다. **유의어** m. service d'accueil et de traitement des urgences	m.pl. 응급실
unité de soins intensifs	Le grand-père de Lucie a passé une semaine à l'unité des soins intensifs après l'opération. 루시의 할아버지는 수술 후 중환자실에서 일주일 있었다.	f. 중환자실
ambulance	Peu après, une ambulance est arrivée sur le lieu de l'accident. 얼마 지나지 않아, 구급차 한 대가 사고 현장에 도착했다.	f. 구급차
brancard	On a transporté ce footballeur blessé sur un brancard. 부상당한 축구 선수를 들것으로 옮겼다.	m. 들것
assurance maladie	Le président s'est engagé à réformer le système d'assurance maladie. 대통령은 건강보험 제도를 개혁하기로 약속했다.	f. 건강보험
opération	Son père a subi une grave opération la semaine dernière. 그의 아버지는 지난주에 중대한 수술을 받았다. **참고** subir une opération de, se faire opéré de ~ 수술을 받다	f. 수술

□ salle d'opération	L'accès à la salle d'opération est strictement contrôlé. 수술실 출입은 엄격히 통제된다. 참고 m. bloc opératoire 수술 구역	f. 수술실
□ anesthésie	On a fait une anesthésie à Jérôme avant de l'opérer. 수술 전 제롬에게 마취를 했다. 참고 f. anesthésie générale 전신마취 f. anesthésie locale 국소마취	f. 마취
□ masque à oxygène	Ils ont mis un masque à oxygène à un patient qui a des difficultés respiratoires. 그들은 호흡 곤란을 겪고 있는 환자에게 산소마스크를 씌웠다.	m. 산소 마스크
□ perfusion intraveineuse	La perfusion intraveineuse est la technique la plus efficace pour administrer un médicament. 링거 주사는 가장 효과적인 약물 투여 방법이다.	f. 링거, 관류, 수액
□ seringue	L'infirmière met un médicament dans la seringue et fait une piqûre à Cécile. 간호사가 주사기에 약을 넣고 세실에게 주사를 놓는다.	f. 주사기
□ respiration artificielle	Si la victime ne respire pas, mettez-la sous respiration artificielle. 피해자가 숨을 쉬지 않으면, 인공호흡을 실시하십시오. 참고 m. bouche-à-bouche 마우스 투 마우스	f. 인공호흡
□ médicament	Il est allé acheter des médicaments à la pharmacie. 그는 약을 사러 약국에 갔다. 참고 f. goutte 점적제(ex: 안약) f.pl. pilules 환약, (경구용) 피임약 m.pl. comprimés 정제, 알약 m. sirop 시럽	m. 약

54

☐ trousse de secours	Une trousse de secours est très utile autant à la maison, que dans la voiture ou en voyage. 구급상자는 집에서나 차 안에서 또는 여행 중 매우 유용하다. **참고** m. antiseptique 소독약 m. sparadrap 반창고 f. bande 붕대	f. 구급상자
☐ pansement adhésif	La mère a mis un pansement adhésif sur la blessure de son enfant. 어머니가 아이의 상처 위에 일회용 반창고를 붙였다.	m. 일회용 반창고
☐ pommade	Jules se met de la pommade à l'endroit où il s'est brûlé. 쥘은 화상을 입은 곳에 연고를 발랐다.	f. 연고
☐ antipyrétique	Les antipyrétiques sont des médicaments dont le rôle est d'abaisser la température corporelle ou de diminuer la fièvre. 해열제는 체온을 낮추거나 열을 내리는 역할을 하는 약이다.	m. 해열제
☐ médicament antidouleur	Prenez ce médicament antidouleur, il vous aidera à soulager votre mal de dent. 이 진통제를 복용하세요. 치통을 가라앉히는 데 도움이 될 겁니다. **유의어** m. antalgique, analgésique **문법참고** antidouleur는 성·수 불변	m. 진통제, 진정제
☐ somnifère	Jacques prend des somnifères parce qu'il est insomniaque. 자크는 불면증 환자라서 수면제를 먹는다.	m. 수면제

☐ antibiotique	Charles a une otite moyenne, il prend donc antibiotiques. 샤를은 중이염에 걸려서 항생제를 먹는다.	m. 항생제
☐ fortifiant	Papa a pris des fortifiants après sa grippe. 아빠는 독감이 나은 뒤 영양제를 먹었다. **참고** multivitamines 멀티 비타민	m. 영양제
☐ pharmacie	La pharmacie se trouve au carrefour. 약국은 사거리에 위치해 있다. **참고** pharmacien(ne) 약사	f. 약국
☐ ordonnance (médicale)	Une vieille dame montre l'ordonnance au pharmacien. 한 할머니가 약사에게 처방전을 보여 준다.	f. 처방전
☐ thermomètre (médical)	Lucas a de la fièvre, le thermomètre indique 39°C. 뤼카는 열이 있다. 체온계가 39도를 나타낸다.	m. 체온계
☐ tensiomètre	Une infirmière m'a expliqué comment me servir d'un tensiomètre. 간호사가 내게 혈압계 사용법을 설명해 줬다.	m. 혈압 측정기
☐ appareil auditif	Nos appareils auditifs sont discrets et très confortables. 저희 보청기는 눈에 띄지 않고 아주 편안합니다.	m. 보청기

☐ analyse d'urine f. 소변 검사

☐ prise de sang f. 채혈

☐ période d'incubation f. 잠복기

☐ complications f.pl. 합병증

☐ maladie difficilement curable f. 난치병

☐ ménopause f. 폐경

☐ ostéoporose f. 골다공증

☐ hémorroïdes f.pl. 치질

☐ autisme m. 자폐증

☐ trouble panique m. 공황장애

☐ commotion cérébrale f. 뇌진탕

☐ tétanos m. 파상풍

☐ fièvre jaune f. 황열

☐ paludisme m. 말라리아

☐ tuberculose f. 결핵

☐ hépatite f. 간염

☐ accident vasculaire cérébral(AVC) m. 뇌혈관 질환

☐ maladies cardio-vasculaires f.pl. 심혈관 질환

☐ tumeur f. 종양, 종기

☐ cancer de l'estomac m. 위암

☐ cancer du sein m. 유방암

☐ cancer des poumons m. 폐암

☐ cancer du foie m. 간암

☐ cancer de la thyroïde m. 갑상선암

☐ leucémie f. 백혈병

☐ traitement contre le cancer m. 항암 치료

☐ radiothérapie f. 방사선 치료

☐ aide-soignant(e) 간병인, 간호조무사

☐ morgue f. 영안실

humeur	Fais attention! Maman n'est pas de bonne humeur. 조심해! 엄마의 기분이 좋지 않아.	f. 기분
sentiment	Pourquoi ces gens n'expriment pas leurs sentiments ? 왜 저 사람들은 자신의 감정을 표현하지 않을까? 유의어 f. émotion	m. 감정, 느낌
joie	C'est pour nous une grande joie de vous accueillir. 여러분을 모시게 된 것은 저희에게는 큰 기쁨입니다.	f. 기쁨, 환희
surprise	Quelle bonne surprise ! 이렇게 반가울 수가!	f. 놀라움
s'étonner	Cela ne m'étonne pas que la situation ne s'améliore pas. 상황이 나아지지 않는 것이 나는 놀랍지 않다. 유의어 être surpris(e)	놀라다
aimer	Roméo a dit à Juliette qu'il l'aimait. 로미오는 줄리엣에게 사랑한다고 말했다.	좋아하다
amour	L'amour n'est pas fait pour nous rendre heureux. 사랑은 우리를 행복하게 만들어 주기 위한 것이 아니다.	m. 사랑
espoir	Tant qu'il y a de la vie, il y a de l'espoir. 삶이 있는 한 희망은 있다.	m. 희망, 기대
bonheur	L'argent ne fait pas le bonheur. 돈이 행복을 가져다주지는 않는다.	m. 행복, 행운

☐ chance	Je vous souhaite bonne chance ! 행운을 빕니다!	f. 행운, 기회
☐ solitude	Pour combattre la solitude, il faut changer d'état d'esprit et adopter de nouveaux comportements. 외로움에 맞서 싸우려면, 마음가짐을 바꾸고 새로운 태도를 가져야 한다. 참고 se sentir seul(e) 외롭다	f. 외로움
☐ †honte	Il devrait avoir honte de se moquer de son ami. 그는 친구를 놀린 것을 부끄러워해야 한다.	f. 치욕, 수치심
☐ peur	Ce cadre d'entreprise a peur de perdre son emploi. 그 회사의 간부는 자신의 일자리를 잃을까 봐 두렵다. 유의어 f. crainte 참고 avoir peur (de qn/qc) (~을) 두려워하다	f. 공포, 두려움
☐ triste	Léa est triste parce que sa meilleure amie a déménagé à l'étranger. 가장 친한 친구가 외국으로 이사를 가서 레아는 슬프다. 참고 f. tristesse 슬픔	슬픈
☐ déçu(e)	Les gens sont très déçus de la décision du gouvernement. 사람들은 정부의 결정에 크게 실망했다. 참고 f. déception 실망	실망한
☐ être embarrassé(e)	Est-ce pour cette raison que le professeur est embarrassé ? 선생님께서 당황한 것은 바로 이 이유 때문입니까?	당황하다

☐ détester	Ma petite sœur déteste les insectes. 내 여동생은 벌레들을 몹시 싫어한다.	미워하다, 몹시 싫어 하다
☐ se fâcher	Estelle s'est fâchée contre son petit ami parce qu'il est toujours en retard aux rendez-vous. 에스텔은 남자친구에게 화를 냈다. 그가 약속에 항상 늦기 때문이다.	화내다, 사이가 틀어지다
☐ colère	Olivier est en colère parce que personne ne l'a écouté. 올리비에는 아무도 자신의 말을 들어주지 않아서 화가 났다.	f. 화, 분노
☐ †haine	Les gens éprouvent de la haine à l'égard du meurtrier de la petite fille. 사람들은 한 여자아이를 죽인 범죄자에 대해 증오를 느낀다.	f. 증오, 반감
☐ sacrifice	Les parents de Charlotte ont fait de gros sacrifices pour leurs enfants. 샤를로트의 부모님은 자녀들을 위해 큰 희생을 했다.	m. 희생
☐ se réconcilier	Le couple s'est finalement réconcilié après la querelle. 커플은 다툰 후에 화해했다.	화해하다
☐ remercier	Les nouveaux mariés ont remercié les invités d'être venus au mariage. 신랑 신부는 결혼식에 와 준 손님들에게 감사 인사를 했다.	감사하다
☐ être désolé(e)	Le petit ami d'Estelle est désolé d'être arrivé en retard. 에스텔의 남자친구는 늦게 도착해서 미안해한다. 유의어 s'excuser 사과하다	미안하다

content(e)	Il est content de son travail. 그는 자신의 일에 만족한다.	만족한
féliciter	Le professeur a félicité Michaël d'avoir obtenu son bac. 교사는 미카엘의 대입 시험 합격을 축하했다.	축하하다
s'inquiéter	Mes parents s'inquiètent toujours quand ma grande sœur rentre tard. 우리 부모님은 언니가 늦게 들어올 때면 늘 걱정을 하신다.	걱정하다
se rassurer	Rassure-toi, tout va bien. 안심해, 다 잘될 거야.	안심하다
mentir	Justine a décidé de mentir plutôt que de dire la vérité. 쥐스틴은 진실을 말하느니 차라리 거짓말을 하기로 결심했다. 유의어 tromper, duper	거짓말하다, 속이다
paresseux/ paresseuse	François est très paresseux, il aime mieux dormir que faire ses devoirs. 프랑수아는 매우 게을러서 과제를 하는 것보다 잠자는 것을 더 좋아한다.	게으른, 나태한 사람
extraverti(e)	Matthieu est très extraverti, il se fait des amis facilement. 마티유는 아주 외향적이라서 친구들을 쉽게 사귄다. 반의어 introverti(e)	외향적
consciencieux/ consciencieuse	Grâce à un travail consciencieux, cet employé a été promu deux fois l'an dernier. 성실한 일 처리 덕분에 그 직원은 작년에 두 차례 승진했다.	성실한

☐ sensible	Pauline est trop sensible à l'attitude des personnes qui l'entourent. 폴린은 주위 사람들의 태도에 너무 예민하다.	예민한
☐ égoïste	Brigitte est très égoïste, elle ne partage jamais rien avec ses amis. 브리짓은 너무 이기적이라서 친구들과 절대 뭔가를 나누어 갖지 않는다. **반의어** altruiste	이기적인
☐ actif/active	Notre grand-mère est très active, elle travaille beaucoup et fait souvent du sport. 우리 할머니는 매우 적극적이라서 일도 많이 하고 운동도 자주 하신다. **반의어** passif/passive	적극적인, 능동적인
☐ comportement	Le professeur a parlé aux parents du comportement dissipé de leur enfant en classe. 선생님이 학부모들에게 학생들의 산만한 수업 태도에 대해 이야기했다.	m. 행동
☐ respirer	Comme Gabriel a le nez bouché, il doit respirer par la bouche. 가브리엘은 코가 막혀서 입으로 숨을 쉬어야 한다.	숨쉬다
☐ pleurer	Manon pleure car elle a rompu avec son petit ami Théo. 마농은 남자친구였던 테오와 헤어져서 울고 있다.	울다
☐ rire	On entend de loin le rire de Théo. 멀리서 테오의 웃음소리가 들린다. **참고** m. sourire 미소 rire 웃다	m. 웃음

caresser	Marie caresse son chat. 마리가 고양이를 쓰다듬는다.	쓰다듬다
embrasser	Louise embrasse son père et entre dans l'enceinte de l'école. 루이즈는 아버지와 포옹한 뒤 학교에 들어간다. 참고 f. bise, m. bisou 볼 인사	포옹하다, 입맞추다
toucher	Ne me touche pas. 나한테 손대지 마.	만지다
promettre	Mes parents nous ont promis de nous emmener à la plage pendant les vacances. 부모님은 휴가 때 우리를 해변에 데려가겠다고 약속했다.	약속하다
oublier	N'oublie pas de fermer la fenêtre avant de partir. 떠나기 전에 창문 닫는 것 잊지 마.	잊다
protéger	Protéger l'environnement, c'est préserver la survie et l'avenir de l'humanité. 환경을 보호하는 것은 인류의 생존과 미래를 지키는 것이다.	지키다, 보호하다

cheveux m. pl. 머리카락

front m. 이마

sourcil m. 눈썹

œil, yeux (복수) m. 눈

nez m. 코 　narine f. 콧구멍

bouche f. 입 　lèvre f. 입술

oreille f. 귀

visage m. 얼굴

joue f. 볼

gencive f. 잇몸

œsophage m. 식도

cordes vocales f.pl. 성대

langue f. 혀

dent f. 치아

nuque f. 목덜미

gorge f. 목구멍

menton m. 턱

épaule f. 어깨

poitrine f. 가슴

bras m. 팔

coude m. 팔꿈치

main f. 손

doigt m. 손가락

paume f. 손바닥

ventre m. 배

nombril m. 배꼽

dos m. 등

empreinte digitale f. 지문

ongle m. 손톱, 발톱

poignet m. 손목

fesses f. pl. 엉덩이

jambe f. 다리

cuisse f. 허벅지

genou m. 무릎

mollet m. 종아리

cheville m. 발목

plante du pied f. 발바닥

talon m. 발꿈치

pied m. 발

orteil m. 발가락

2 손

majeur m. 가운뎃손가락

annulaire m. 약손가락

index m. 집게손가락

auriculaire m. 새끼손가락

pouce m. 엄지손가락

3 헤어스타일

생머리
cheveux raides (lisses)

곱슬머리
cheveux frisés

웨이브 머리
cheveux bouclés

긴 머리
cheveux longs

짧은 머리
cheveux courts

중간길이 머리
cheveux mi-longs

4 진료 과목

진료 과목	
médecine générale	f. 가정의학과
médecine interne	f. 내과
cardiologie	f. 심장 병학
chirurgie esthétique, chirurgie plastique	f. 성형외과
pédiatrie	f. 소아과
ophtalmologie	f. 안과
chirurgie	f. 외과
oto-rhino-laryngologie	f. 이비인후과
gynécologie	f. 부인과
urologie	f. 비뇨기과
orthopédie	f. 정형외과
odontologie	f. 치과
dermatologie	f. 피부과

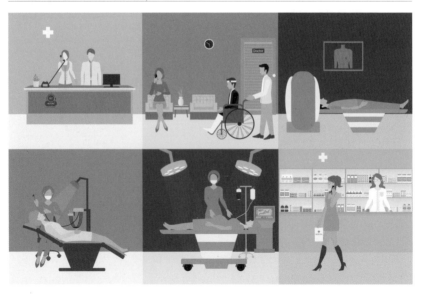

1 빈칸에 알맞은 단어를 쓰세요.

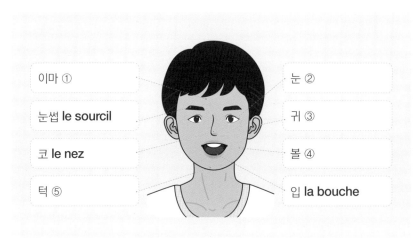

이마 ①	눈 ②
눈썹 le sourcil	귀 ③
코 le nez	볼 ④
턱 ⑤	입 la bouche

2 그림에 맞는 단어를 찾아 연결하세요.

①

● a) le masque à oxygène

②

● b) le pansement adhésif

③

● c) la pommade

④

● d) le thermomètre médical

⑤

● e) la seringue

⑥

● f) le stéthoscope

3 빈칸에 알맞은 단어를 보기 에서 찾아 넣으세요.

> 보기 l'amour, le sentiment, la surprise, le bonheur, le comportement

L'argent ne fait pas (   )

4 보기 의 단어를 순서대로 나열해 아래의 문장을 만들어 보세요.

> 보기 des / grippe / et / a / Lucas / fièvre / frissons / la /
>
> la / parce qu'il / a / de

뤼카는 독감에 걸려서 오한이 들고 열이 난다.

→ _____ .

Voyage, Tourisme et Transport

여행, 관광, 교통

□ voyage	Bon voyage ! 즐거운 여행되세요!	m. 여행
□ vacances	François et Laurent passent leurs vacances au bord de la mer. 프랑수아와 로랑은 바닷가에서 바캉스를 보낸다.	f.pl. 휴가, 바캉스
□ agence de voyages	L'agence de voyages vend des offres de voyages. 여행사는 여행 상품을 판매한다.	f. 여행사
□ itinéraire	J'ai choisi un itinéraire agréable. 나는 마음에 드는 여행 코스를 선택했다.	m. 경로, 여행 코스
□ préparatif	Nous sommes tous désireux d'aider aux préparatifs de la fête. 우리는 기꺼이 축제 준비를 돕기를 원한다.	m. 준비, 채비
□ valise	Il prend beaucoup de temps pour faire ses valises. 그는 가방을 싸는 데 시간이 많이 걸린다.	f. 가방
□ carte	Cherche où se trouve Lyon sur la carte de France. 프랑스 지도에서 리옹이 어디에 있는지 찾아봐. **유의어** m. plan	f. 지도
□ Office du tourisme	L'Office du tourisme de la ville offre des informations pratiques pour organiser son séjour. 시내 관광 안내소는 여행을 계획하는 데 실용적인 정보들을 준다.	m. 관광 안내소

☐ passeport	Lorsque l'on va dans un autre pays, on montre son passeport à la frontière. 다른 나라에 갈 때 우리는 국경에서 여권을 보여 준다.	m. 여권
☐ douane	Nous avons passé la douane en rentrant de Suisse. 우리는 스위스에서 돌아오면서 세관을 통과했다.	f. 세관
☐ frontière	Cette route traverse la frontière entre les deux pays. 이 길은 두 나라의 국경을 가로지른다.	f. 국경
☐ bureau de change	J'ai changé de l'argent en euro dans un bureau de change à l'aéroport. 나는 공항에 있는 환전소에서 돈을 유로로 환전했다.	m. 환전소
☐ camper	Cet été mon grand frère a campé avec des amis en montagne. 이번 여름 우리 형은 친구들과 산에서 캠핑을 했다. 유의어 faire du camping	캠핑하다, 야영하다
☐ tente	Lambert monte la tente pour faire du camping. 랑베르는 야영을 하기 위해 텐트를 친다. 참고 f. caravane 캠핑 트레일러	f. 텐트
☐ sac de couchage	Il entre dans un sac de couchage pour y dormir. 그는 침낭 속에 들어가서 잔다.	m. 침낭
☐ séjour	J'espère que vous apprécierez votre séjour. 당신의 체류가 매우 즐겁기를 바랍니다.	m. 체류

☐ touriste	Les festivals de musique attirent beaucoup de touristes. 음악 축제가 많은 관광객을 끌어들인다.	m. 관광객
☐ souvenir	J'ai acheté un porte-clés tour Eiffel comme souvenir. 나는 기념품으로 에펠탑 열쇠고리를 샀다.	m. 기념품
☐ plage	La plage est couverte d'algues. 해변이 해초로 뒤덮여 있다.	f. 해변
☐ parasol	Papa plante le parasol dans le sable pour abriter ses enfants du soleil. 아빠는 아이들을 햇빛으로부터 보호하기 위해 모래사장에 파라솔을 세운다.	m. 파라솔
☐ bain de soleil	Julie prend des bains de soleil pour bronzer. 줄리는 피부를 태우기 위해 일광욕을 한다.	m. 일광욕
☐ coup de soleil	Pour éviter les coups de soleil, il faut sortir avec une ombrelle. 뜨거운 햇빛을 피하기 위해 양산을 쓸 필요가 있다.	m. 일사병, 내리쬐는 태양
☐ se baigner	Pendant les vacances, Caroline s'est baignée tous les jours dans la piscine. 휴가 동안 카롤린은 매일 수영장에서 물놀이했다.	물놀이하다, 해수욕하다
☐ se noyer	Il y a de hautes vagues, fais attention, tu risques de te noyer. 파도가 높으니 조심해. 익사할 위험이 있어.	익사하다
☐ bouée	Les enfants nagent avec des bouées. 아이들은 튜브를 가지고 헤엄친다.	f. 튜브

☐ coquillage	Une fille ramasse des coquillages à la plage pour faire un collier. 한 소녀가 목걸이를 만들려고 해변에서 조개껍데기를 줍는다.	m. 조개, 조개껍데기
☐ excursion	Les élèves de la classe ont fait une excursion en car au Mont Saint-Michel. 반 학생들은 버스를 타고 몽생미셸 여행을 했다.	f. (가벼운) 여행
☐ croisière	Mes parents ont fait une belle croisière en Méditerranée. 우리 부모님은 멋진 지중해 항해를 하셨다.	f. 항해, 유람
☐ monument historique	Chaque fois que le bateau de croisière a fait escale dans un port, ils ont visité les monuments historiques de la ville. 유람선이 항구에 정박할 때마다 그들은 마을 유적지를 방문했다.	m. 역사적인 기념물, 유적지
☐ voyage organisé	Sarah va partir au Maroc en voyage organisé. 사라는 패키지로 모로코 여행을 떠날 것이다. 참고 m. voyage avec un sac à dos, voyage en routard 배낭여행	m. 패키지 여행, 단체 여행
☐ exotique	Elle découvrira des paysages exotiques au Maroc. 그녀는 모로코의 이국적인 풍경을 발견하게 될 것이다.	이국적인
☐ guide touristique	Elle a déjà acheté plusieurs guides touristiques. 그녀는 이미 여행 책을 여러 권 샀다.	m. 가이드 북, 여행 가이드

☐ tour	Céline a décidé de faire le tour du pays à pied. 셀린은 도보로 전국 일주하기로 결심했다. 참고 Tour de France: 투르 드 프랑스(프랑스 전국을 돌며 경주하는 세계적인 자전거 경주 대회)	m. 일주
☐ hôtel	J'ai réservé une chambre simple à l'hôtel. 나는 호텔에 싱글룸을 예약했다. 참고 f. chambre double 더블룸	m. 호텔
☐ accueillir	La réceptionniste accueille courtoisement les clients dans son hôtel. 호텔에서 안내원은 고객을 정중하게 맞이한다.	맞이하다, 접대하다
☐ loger	Je vais loger dans un hôtel trois-étoiles. 나는 별 세 개짜리 호텔에 묵을 예정이다. 유의어 séjourner, descendre	투숙하다, 묵다
☐ annuler	Paul a annulé la réservation d'hôtel. 폴은 호텔 예약을 취소했다.	취소하다
☐ assurance de voyage	Avant de partir à l'étranger, il faut avoir une assurance de voyage. 외국에 떠나기 전에 여행자 보험을 들 필요가 있다. 유의어 f. assurance de voyageurs	f. 여행자 보험
☐ musée	Vincent va au musée d'Orsay pour voir les peintures impressionnistes. 뱅상은 인상주의 그림을 보러 오르세 미술관에 간다. 유의어 f. galerie	m. 박물관, 미술관
☐ billetterie	La billetterie permet d'acheter ou de réserver des billets de théâtre, de concerts, etc. 매표소에서는 연극이나 음악회 등의 티켓을 사거나 예약할 수 있다.	f. 매표소

☐ festival	Le festival de Cannes est l'une des plus importantes manifestations internationales du cinéma. 칸 영화제는 세계적으로 가장 중요한 영화제 중 하나다.	m. 축제
☐ appareil photo (numérique)	Les touristes se font parfois voler leur appareil photo à Paris. 파리에서 관광객들은 종종 카메라를 도둑맞는다.	m. (디지털) 카메라
☐ prendre des photos	Les visiteurs veulent prendre des photos dans le parc. 방문객들은 공원에서 사진을 찍고 싶어 한다.	사진을 찍다

참 고 단 어

☐ crème solaire f. 선크림
☐ château de sable m. 모래성

☐ aéroport	De manière générale, il est recommandé d'arriver à l'aéroport trois heures avant le départ pour les vols internationaux. 국제선의 경우는 통상 출발 세 시간 전에 공항에 도착하는 것이 바람직하다.	m. 공항
☐ avion	L'avion vole au-dessus de l'océan. 비행기가 바다 위를 날아간다. **참고** prendre l'avion pour ~ ~행 비행기를 타다	m. 비행기
☐ vol direct	Il n'y a pas de vol direct entre la Corée du Sud et l'Afrique. 한국과 아프리카 사이에는 직항 비행편이 없다. **유의어** m. vol sans escale **반의어** m. vol avec escale 경유	m. 직항
☐ billet	Aujourd'hui les gens comparent les prix des billets d'avion en ligne. 요즘에는 사람들이 온라인에서 비행기 티켓 가격을 비교한다.	m. (기차, 비행기) 티켓, 표
☐ à destination de	Lola prend le vol 333 de 11h15 à destination de New York. 롤라는 11시 15분에 출발하는 뉴욕행 333 비행기를 탄다.	~행
☐ en provenance de	Le vol en provenance de Paris vient d'arriver à l'aéroport d'Incheon. 파리에서 출발한 비행기가 인천 공항에 막 도착했다.	~에서 오는 (출발한)
☐ boutique hors-taxe	Il a acheté les cigarettes dans la boutique hors-taxe avant le départ. 그는 출발하기 전 면세점에서 담배를 샀다.	f. 면세점

☐ première classe	Je ne peux pas prendre la première classe car c'est trop cher. 나는 일등석이 너무 비싸서 탈 수가 없다. **참고** f. classe affaires 비즈니스석 f. classe économique 이코노미석	f. 일등석
☐ équipage	Le commandant et tout son équipage vous souhaitent un bon voyage! 기장을 비롯한 모든 승무원은 여러분의 즐거운 여행을 기원합니다. **참고** m. pilote 조종사 f. hôtesse de l'air 여자 승무원 m. steward 남자 승무원	m. (집합적) 승무원
☐ bagages	Je fais enregistrer mes bagages à l'aéroport. 나는 공항에서 수하물을 등록했다.	m.pl. 짐, 수하물
☐ embarquement	Vol 123 à destination de Paris, embarquement immédiat, porte C. 파리행 123편 비행기 승객들은 게이트 C에서 즉시 탑승하십시오.	m. 탑승
☐ décoller	L'avion décollera dans une heure. 비행기는 한 시간 내로 이륙할 것이다.	이륙하다
☐ atterrir	L'avion a dû atterrir en urgence en raison de vents violents. 강풍 때문에 비행기는 비상 착륙을 해야 했다.	착륙하다
☐ passager	L'hôtesse de l'air demande aux passagers d'attacher leur ceinture de sécurité. 승무원이 승객들에게 안전벨트를 매라고 요구한다. **참고** voyageur는 '기차 승객'을 의미	m. (배, 차, 비행기의) 승객

☐ gare	Le cabinet de mon médecin se trouve près de la gare. 내 주치의 병원은 기차역 근처에 있다.	f. 기차역
☐ train	Marie prend le train. Ses parents l'accompagnent donc à la gare. 마리는 기차를 타고 간다. 그래서 마리의 부모님은 역까지 마리를 배웅하러 가신다.	m. 기차
☐ TGV (Train à Grande Vitesse)	Grâce au TGV, on a diminué le temps de trajet pour aller de Paris à Marseille. 테제베 덕분에 파리에서 마르세유로 가는 시간이 줄었다. 참고 SNCF(Société Nationale des Chemins de Fer) 프랑스국영철도사	m. 테제베, 프랑스 고속 철도
☐ guichet (de la gare)	Isabelle prend son billet de train au guichet de la gare. 이사벨은 기차역 창구에서 기차표를 구입한다.	m. 창구
☐ aller simple	Elle prend un aller simple Paris-Lyon. 그녀는 파리에서 리옹 가는 편도 기차표를 끊는다. 참고 aller-retour 왕복	m. 편도
☐ place (assise)	Pour être sûr d'avoir une place assise dans le train, Marion a fait une réservation. 기차에서 좌석을 확실히 확보하기 위해 마리옹은 자리를 예약했다.	f. 좌석
☐ quai	Les voyageurs attendent le train sur le quai. 승객들은 플랫폼에서 기차를 기다린다.	m. 플랫폼

| ☐ fiche-horaire | Choisissez votre trajet et téléchargez la fiche-horaire sur votre téléphone. | f. 운행 시간표 |
| | 여행 구간을 선택 하신 뒤 운행시간표를 휴대폰에 다운로드하세요. | |

| ☐ correspondance | Pour aller d'Avignon à Nice, j'ai une correspondance à Marseille. | f. 환승 |
| | 아비뇽에서 니스로 가기 위해서 나는 마르세유에서 환승한다. | |

☐ wagon	Julien voyage en wagon-lit de Nice à Venise.	m. 차량, 객차
	쥘리앙은 니스에서 베니스까지 침대차로 여행한다.	
	유의어 f. voiture	

☐ non-fumeur	Emma a réservé une place dans une voiture non-fumeur.	금연, 금연가
	에마는 금연 칸 좌석을 예약했다.	
	반의어 fumeur	

| ☐ composter | En France, on doit composter le billet dans une machine avant de monter dans le train. | 개찰하다 |
| | 프랑스에서는 기차에 타기 전에 기계에 개찰을 한다. | |

| ☐ contrôleur | Montrez votre billet au contrôleur dans le train, sinon vous devrez payer une amende. | m. 검표원, 검사관 |
| | 기차 안에서 검표원에게 열차표를 보여 주세요. 그렇지 않으면 벌금을 내야 합니다. | |

| ☐ rater | Dépêchez-vous ! Nous allons rater le train. | 놓치다 |
| | 서둘러요! 우리 기차 놓치겠어요. | |

☐ salle d'attente	Il y a beaucoup de voyageurs dans la salle d'attente. 대합실에는 여행객들이 많다.	f. 대합실
☐ bateau	Dominique a pris le bateau pour aller à Bora Bora. 도미니크는 보라보라 섬에 가기 위해 배를 탔다.	m. 배
☐ port	Un paquebot arrive au grand port du Havre. 여객선 한 척이 르 아브르 항구에 도착한다.	m. 항구
☐ à bord	Léon est monté à bord du bateau. 레옹은 배에 탔다.	(배, 비행기) 승선
☐ pont	Ce pont relie l'île au continent. 이 다리는 섬과 육지를 연결한다.	m. 다리, 갑판
☐ cabine (à bord)	Fabien a retenu une cabine à bord. 파비앵는 선실을 예약했다. 참고 f. cabine passager 객실 f. cabine de luxe 특실	f. 선실
☐ traversée	Henri a fait la traversée entre Nice et la Corse en ferry. 앙리는 니스에서 코르시카섬 사이를 페리선을 타고 횡단했다.	f. 횡단, 항해
☐ métro	Chaque matin, je prends le métro pour aller au travail. 매일 아침 일하러 가기 위해 나는 지하철을 탄다.	m. 지하철
☐ souterrain	Ils ont découvert ce passage souterrain datant des années 1940. 그들은 1940년대의 지하도를 발견했다.	지하의

station	Nous descendons à la prochaine station. 우리는 다음 역에서 내린다.	f. (지하철) 역
ligne	Châtelet-Les Halles est une station du métro de Paris où se croisent les lignes 1,4,7,11 et 14. 샤틀레-레알 역에는 파리 지하철 1호선, 4호선, 7호선, 11호선, 14호선이 지나간다.	f. 노선
ticket	Pour prendre le métro à Paris, on peut acheter un ticket à l'unité ou bien un carnet de 10 tickets. 파리에서 지하철을 타기 위해 사람들은 티켓 1장 또는 10장짜리 티켓 묶음인 카르네를 산다.	m. (지하철) 티켓, 표
direction	Prenez le métro ligne 4 en direction de Porte de Clignancourt. Et changez à Châtelet-Les Halles pour le métro ligne 7. 포르트 드 클리냥쿠르 방향으로 가는 4호선을 타세요. 그리고 샤틀레-레알역에서 7호선으로 갈아타세요.	f. 방향
heure de pointe	Aux heures de pointe, il y a foule dans le métro. 러시아워에는 지하철에 사람이 붐빈다.	f. 러시아워, 혼잡 시간대
(auto)bus	Le Ticket t+ permet les correspondances entre métro et bus. Ticket t+로 지하철과 버스를 환승할 수 있다.	m. 버스
arrêt de bus	Le stationnement à l'arrêt de bus est strictement interdit. 버스 정류장에 주차하는 것은 엄격히 금지되어 있다.	m. 버스 정류장

□ tram(way)	Les principales stations de bus et de tramway se trouvent toutes deux à seulement cinq minutes à pied de notre hôtel. 우리 호텔은 주요 버스 역과 트램 역에서도 도보로 단 5분 거리에 위치해 있습니다.	m. 트램
□ taxi	Vous trouverez le taxi devant la porte principale de la gare. 기차역 정문 앞에 택시가 보일 겁니다.	m. 택시
□ vélo	Les parents apprennent aux enfants à faire du vélo. 부모가 자녀들에게 자전거 타는 법을 가르친다.	m. 자전거
□ moto	Rouler à moto en ville est très pratique pour éviter les embouteillages. 교통체증을 피하기 위해 도시에서 오토바이를 타는 것은 실용적이다. 유의어 m.pl. deux-roues m. scooter	f. 오토바이
□ voiture	L'automobiliste fait démarrer la voiture. 운전자가 자동차에 시동을 건다.	f. 자동차
□ ceinture de sécurité	La ceinture de sécurité permet d'éviter les blessures graves en cas d'accident. 안전벨트는 사고가 났을 때 중상을 피하게 해 준다.	f. 안전벨트
□ station-service	Les automobilistes doivent se rendre régulièrement à la station-service pour prendre de l'essence. 운전자들은 정기적으로 주유소에 가서 휘발유를 넣는다. 참고 m. gazole 경유, 디젤 m. diesel 디젤	f. 주유소

☐ plein	Le plein, s'il vous plaît. 가득 넣어 주세요. 참고 a. plein 가득 찬	m. (휘발유의) 가득 채운 분량
☐ permis de conduire	Le policier a demandé à l'automobiliste de lui montrer son permis de conduire. 경찰이 운전자에게 운전 면허증을 보여 달라고 요구 했다.	m. 운전 면허증
☐ voiture de location	Nous avons loué une voiture de location à l'aéroport. 우리는 공항에서 렌터카를 빌렸다.	f. 렌터카
☐ autoroute	On n'a pas le droit de faire demi-tour sur l'autoroute. 고속도로에서는 유턴할 수 없다. 유의어 f. route 도로	f. 고속도로
☐ aire de service	Il est important de s'arrêter régulièrement sur les aires de service lorsqu'on fait un long trajet. 긴 여행을 할 때는 휴게소에 규칙적으로 들르는 것이 중요하다.	f. 휴게소
☐ péage	Les voitures ralentissent avant d'arriver au péage. 톨게이트에 도착하기 전에 자동차들은 속도를 늦춘다.	m. 통행료, 톨게이트
☐ limitation de vitesse	Les automobilistes doivent respecter les limitations de vitesse. 운전자들은 속도 제한을 지켜야 한다.	f. 속도 제한

☐ caméra de surveillance	Les caméras de surveillance routière permettent de détecter les infractions ou les accidents. 고속도로 감시 카메라는 교통 위반을 적발하거나 사고를 발견할 수 있다.	f. 감시 카메라
☐ embouteillage	La voiture est bloquée dans les embouteillages. 교통 체증 속에 자동차가 꼼짝 못하고 있다. 유의어 m. bouchon	m. 혼잡, 교통 체증
☐ parking	À partir du mois de juin, le parking souterrain sera ouvert au public. 6월부터 지하 주차장이 대중에게 개방될 것이다. 유의어 f. aire de stationnement	m. 주차, 주차장
☐ parcmètre	Pour garer sa voiture, il faut mettre de l'argent dans le parcmètre. 주차하기 위해서는 주차 요금 미터기에 돈을 넣어야 한다.	m. 주차 요금 미터기
☐ rapide	La voiture d'Anne est rapide, elle roule vite. 안의 자동차는 빠르다. 그녀는 빨리 운전한다. 유의어 vite 반의어 lent	빠른
☐ escalator	Demandez au client s'il préfère prendre l'ascenseur, l'escalator ou les escaliers. 손님에게 엘리베이터, 에스컬레이터, 계단 중에 무엇을 선호하는지 물어보시오. 참고 m. escalier 계단	m. 에스컬레이터
☐ feux (de circulation)	On doit respecter les feux de circulation. 신호등을 지켜야만 한다. 유의어 m.pl. feux tricolores	m.pl. 신호등

84

☐ passage (pour) piéton	En Corée du Sud, les enfants lèvent la main au-dessus de la tête lorsqu'ils traversent un passage piéton. 한국 어린이들은 횡단보도를 건너면서 머리 위로 손을 든다.	m. 횡단보도
☐ trottoir	Le trottoir est un espace réservé aux piétons. 인도는 보행자들을 위한 곳이다.	m. 보도, 인도
☐ carrefour	Il a tourné à gauche au carrefour pour arriver chez lui. 그는 집에 가기 위해서 사거리에서 좌회전했다.	m. 사거리, 교차로
☐ monter	Les voyageurs montent dans le train. 승객들이 기차에 오른다. 반의어 descendre	타다
☐ marcher	Michael a marché dans la forêt toute la journée. 미카엘은 하루 종일 숲속을 걸었다.	걷다
☐ courir	Thierry a couru vite pour rattraper Odile. 티에리는 오딜을 따라잡기 위해 빠르게 뛰었다.	뛰다
☐ renseigner	Le personnel de gare renseigne le voyageur sur les horaires du train. 역무원이 승객에게 기차 운행 시간에 대해 알려 준다.	정보를 제공 하다, 가르쳐 주다
☐ se reposer	Nous nous sommes reposés sous un arbre. 우리는 나무 밑에서 쉬었다.	쉬다
☐ retourner	Après un mois de vacances, ils sont retournés au pays. 한 달 간의 휴가 뒤에 그들은 고국으로 돌아왔다.	돌아가다

□ conduire

Cédric a appris à conduire à vingt ans.
세드릭은 스무 살에 운전을 배웠다.

운전하다

3 쇼핑

Track 10

☐ argent	Plus vous vendez de produits, plus vous pouvez gagner d'argent. 물건을 더 많이 팔수록, 더 많은 돈을 벌 수 있다.	m. 돈
☐ monnaie	Le boulanger m'a rendu la monnaie. 빵 가게 주인이 나에게 거스름돈을 주었다.	f. 잔돈, 거스름돈, 돈
☐ prix	J'ai comparé les prix dans plusieurs boutiques avant de commander ce produit. 나는 이 제품을 주문하기 전에 여러 상점에서 가격을 비교했다. 참고 m.pl. prix 물가	m. 가격
☐ vendre	Il a vendu sa vieille voiture à bon prix. 그는 오래된 차를 좋은 가격에 팔았다. 반의어 acheter	팔다
☐ magasin	Ce magasin offre une large gamme d'outils. 이 상점에서는 다양한 종류의 연장을 판다. 유의어 f. boutique 참고 f. échoppe 노점, 구멍가게	m. 상점, 가게
☐ grand magasin	Il est possible d'acheter presque tout dans un grand magasin. 백화점에서는 거의 모든 것을 살 수 있다.	m. 백화점
☐ centre commercial	Le nouveau centre commercial dispose d'une aire de restauration. 새 쇼핑몰에는 푸드 코트가 있다.	m. 쇼핑몰

☐ faire du shopping	Comme beaucoup de filles de son âge, elle aime aussi faire du shopping. 또래의 다른 여자애들처럼 그녀도 쇼핑을 좋아한다. **참고** faire des courses 장 보다	쇼핑하다
☐ rayon	Ma fille a trouvé une poupée qui lui plaît au rayon jouets. 딸아이는 장난감 코너에서 원하던 인형을 발견했다.	m. 매장, 코너, 매대
☐ supermarché	Le nouveau supermarché fait déjà le plein de clients. 새 슈퍼마켓에는 벌써 손님들이 가득하다.	m. 슈퍼마켓
☐ marché	Alice a acheté un cageot de pommes au marché. 알리스는 시장에서 사과 한 상자를 샀다.	m. 시장
☐ livraison à domicile	Ce supermarché ne facture pas la livraison à domicile au delà d'un montant d'achat de 100 Euros. 이 슈퍼는 100유로 이상 구매 시 무료로 배달을 해준다.	f. 배달
☐ étiquette	Amélie a enlevé l'étiquette de sa nouvelle robe. 아멜리는 새 원피스의 가격표를 떼었다.	f. 가격표, 라벨
☐ cadeau	Te souviens-tu des cadeaux que l'on t'a offerts pour ton anniversaire ? 네 생일날 받은 선물들 기억하니?	m. 선물
☐ emballer	Le vendeur emballe l'objet dans un joli papier. 점원이 예쁜 종이로 물건을 포장한다.	포장하다

☐ vêtement	Les gens portent des vêtements traditionnels au carnaval. 사람들은 카니발에서 전통 의상을 입는다. **유의어** m. habit	m. 옷
☐ pantalon	Depuis que j'ai maigri, je dois toujours remonter mon pantalon. 살이 빠진 이후로 나는 항상 바지를 추어올려야만 한다.	m. 바지
☐ chaussure	La femme porte des chaussures avec des talons très hauts. 여자들은 굽이 높은 구두를 신는다.	f. 신발, 구두
☐ accessoires	Ce foulard est l'accessoire idéal pour ta robe. 이 스카프는 너의 원피스에 잘 어울리는 액세서리이다.	m.pl. 액세서리
☐ bague	La nouvelle mariée porte une bague ornée de diamants. 새 신부는 다이아몬드로 장식된 반지를 끼고 있다.	f. 반지
☐ chapeau	L'inspecteur de police a mis son chapeau et son imperméable avant de sortir. 형사는 외출하기 전에 모자를 쓰고 레인코트를 입었다.	m. 모자
☐ soie	Au toucher, je pouvais savoir que cette robe est en soie. 나는 이 드레스가 실크로 된 것을 만지자마자 알 수 있었다. **참고** m. coton 면 m. cuir 가죽 f. laine 모직 m. synthétique 합성섬유	f. 실크

☐ lunettes	J'ai besoin de lunettes pour lire le journal. 나는 신문을 읽기 위해서 안경이 필요하다. 참고 f.pl. lunettes de soleil 선글라스	f.pl. 안경
☐ gant	L'électricien porte des gants spéciaux pour se protéger contre les décharges électriques. 전기기사는 감전에 대비해 보호용 특수 장갑을 낀다.	m. 장갑
☐ chic	Léa porte toujours des robes chics. 레아는 늘 세련된 원피스를 입는다. 유의어 élégant(e)	근사한, 세련된
☐ cabine d'essayage	Nicole sort de la cabine d'essayage, habillé en pantalon et veste de cuir. 니콜은 가죽으로 된 바지와 상의를 입고서 탈의실에서 나왔다. 참고 m. vestiaire 탈의실, 옷 맡기는 곳	f. (시착용) 탈의실, 피팅룸
☐ pointure	Quelle est votre pointure ? Vous chaussez du combien ? 사이즈가 어떻게 되세요? 신발 몇 신어요? 유의어 f. taille (옷의) 크기, 사이즈	f. (신발, 장갑, 모자의) 치수
☐ assorti(e)	Ce chemisier est assorti à ta jupe droite. 이 블라우스가 너의 타이트한 치마에 잘 어울린다.	잘 어울리는
☐ cher/chère	Les métaux précieux, tels que l'or, sont chers. 금과 같은 귀금속들은 비싸다. 반의어 bon marché, moins cher/chère, peu cher/chère, à bas prix	값비싼

☐ choisir	J'ai choisi les meilleures photos pour l'album. 나는 앨범을 만들기 위해서 최고의 사진들을 골랐다.	고르다, 선택하다

☐ produits
  cosmétiques
	À l'instar des produits alimentaires, les produits cosmétiques ont eux aussi une date de péremption, autrement dit une durée limitée d'utilisation.
	
	식품과 마찬가지로 화장품 역시 유통기한, 즉 제품 소비 기한이 있다.
	
	유의어 m. produit de beauté
	참고 f. crème de jour 데이 크림
	   m. fond de teint 파운데이션
		m.pl.
		화장품

☐ maquillage	Elle nettoie parfaitement la peau en éliminant le maquillage et les impuretés. 그녀는 화장과 불순물을 제거하면서 완벽하게 피부를 씻는다. 반의어 m. démaquillage 클렌징	m. 화장, 메이크업
☐ produit de luxe	On peut acheter des produits de luxe moins chers dans la boutique hors-taxe. 면세점에서는 명품을 좀 더 싸게 살 수 있다.	m. 명품
☐ sac à main	Elle met son argent et ses clés dans son sac à main. 그녀는 핸드백 속에 돈과 열쇠를 넣는다.	m. 핸드백

☐ mer	Notre planète est composée de mer et de terre. 우리의 지구는 바다와 육지로 구성되어 있다.	f. 바다
☐ rivière	Lucas a attrapé un poisson dans la rivière. 뤼카는 강에서 물고기 한 마리를 잡았다. 유의어 m. fleuve	f. 강
☐ vallée	Cette superbe vallée est recouverte de fleurs. 이 멋진 계곡은 꽃으로 뒤덮여 있다.	f. 계곡
☐ montagne	Du haut de la montagne, on a une très belle vue de la région. 산꼭대기에서 이 지방의 아름다운 전경이 보인다.	f. 산
☐ château	Les chevaliers ont construit leur château sur une montagne. 기사들은 산 위에 그들의 성을 세웠다.	m. 성
☐ parc	Je suis allé au parc pour profiter du beau temps. 화창한 날씨를 즐기기 위해 나는 공원에 갔다.	m. 공원
☐ arbre	Les saules sont des arbres magnifiques. 버드나무는 멋진 나무다.	m. 나무
☐ feuille	Les feuilles des arbres tombent en automne. 가을에는 나무에서 잎들이 떨어진다.	f. 잎
☐ herbe	Les vaches se nourrissent d'herbe fraîche. 암소들은 신선한 풀을 먹는다.	f. 풀, 잡초

☐ caillou	Je préfère les plages avec des cailloux à celles avec du sable. 나는 모래로 된 해변보다 자갈로 된 해변을 더 좋아한다. **참고** 자갈로 된 해변의 대표적인 장소는 니스 해변이다.	m. 자갈
☐ paysage	Les beaux paysages inspirent souvent les peintres. 아름다운 풍경은 종종 화가들에게 영감을 준다.	m. 풍경
☐ ciel	Ce soir le ciel est trop nuageux pour voir les étoiles. 오늘 밤 별을 보기에는 하늘에 구름이 너무 많다.	m. 하늘
☐ odeur	Une bonne odeur de roses flotte dans le jardin. 장미의 좋은 향기가 정원에 가득하다.	f. 냄새, 향기
☐ fleur	Les cerisiers font des fleurs magnifiques. 벚나무에 멋진 벚꽃이 피었다.	f. 꽃
☐ étoile	Il y a d'innombrables étoiles dans l'univers. 우주에는 셀 수 없을 정도로 많은 별이 있다.	f. 별
☐ lune	La Lune est un satellite de la Terre. 달은 지구의 위성이다. **참고** 달이 행성의 의미로 쓰일 경우 대문자로 쓴다.	f. 달
☐ soleil	Les plantes ont besoin de soleil et d'eau pour bien pousser. 식물들이 잘 자라기 위해서는 햇빛과 물이 필요하다.	m. 태양, 햇빛
☐ chat	Le chat a poursuivi la souris. 고양이가 쥐를 뒤쫓았다.	m. 고양이

☐ chien	Je promène mon chien tous les jours. 나는 매일 우리 강아지를 산책시킨다.	m. 개
☐ animal de compagnie	Nous avons toujours eu un chat comme animal de compagnie. 우리는 반려동물로 늘 고양이를 키웠다. 참고 m. animal domestique 가축	m. 반려동물, 애완동물
☐ oiseau	Les faucons sont des oiseaux de proie. 매는 맹금류이다.	m. 새
☐ insecte	Il y a des papillons et d'autres insectes dans le jardin. 정원에는 나비와 다른 곤충들이 있다.	m. 곤충, 벌레
☐ moustique	Un moustique m'a piqué la nuit dernière. 지난밤에 모기 한 마리가 나를 물었다.	m. 모기
☐ zoo	Vous pouvez voir toutes sortes d'animaux sauvages dans un zoo. 동물원에서 모든 종류의 야생동물을 볼 수 있습니다.	m. 동물원
☐ planter	J'ai planté un chêne à la naissance de chacun de mes enfants. 나는 아이들이 태어날 때마다 떡갈나무를 심었다.	심다
☐ vivre	Les écureuils et les oiseaux vivent dans les arbres. 다람쥐와 새들은 나무에 산다.	살다
☐ exister	Il y a longtemps qu'il n'existe plus de dinosaures. 공룡이 더 이상 존재하지 않게 된 지 오래다.	존재하다

☐ voler	Quelqu'un a volé mon portefeuille. 누군가가 내 지갑을 훔쳐 갔다.	훔치다
☐ voleur	Le voleur a imaginé un plan sournois. 도둑은 교활한 계획을 상상했다.	m. 도둑
☐ coupable	Le suspect a finalement été déclaré coupable à l'issue de son procès. 그 용의자는 재판 끝에 범인임이 밝혀졌다. 유의어 m. criminel 중범죄자 　　　 m. malfaiteur 악인, 악당	m. 범인, 범죄자
☐ délinquance	Cet homme est en prison car il a commis un acte de délinquance. 이 남자는 죄를 저질러 감옥에 있다. 유의어 m. crime 중범죄	m. 경범죄
☐ amende	Une personne qui prend le métro sans ticket risque d'avoir une amende. 티켓 없이 지하철을 타는 사람은 벌금을 낼 수도 있다.	f. 벌금
☐ accident	Même si vous conduisez prudemment, vous pouvez avoir un accident de voiture. 당신이 아무리 조심스럽게 운전을 해도 자동차 사고를 당할 수가 있다.	m. 사고
☐ problème	Mon frère m'a aidé à résoudre mes problèmes financiers. 형이 나의 재정 문제 해결을 도와주었다.	m. 문제
☐ se disputer	Mes parents ne se disputent jamais devant moi. 우리 부모님은 내 앞에서는 절대 싸우지 않는다.	f. 싸우다

☐ tomber en panne	La voiture est tombée en panne au moment où j'arrivais à la maison. 내가 집에 도착한 순간 차가 고장 났다.	고장 나다
☐ réparer	Je sais comment réparer un vélo. 나는 자전거를 어떻게 수리하는지 안다.	수리하다
☐ se perdre	Hugo s'est perdu car il ne connaissait pas bien le village. 위고는 이 마을을 잘 알지 못했기 때문에 길을 잃었다.	길을 잃다
☐ perdre	Diane a perdu ses lunettes de soleil. 디안느는 선글라스를 잃어버렸다. 유의어 égarer	분실하다, 잃어버리다
☐ dangereux/ dangereuse	Il faut être très prudent en montagne, les routes sont dangereuses. 길들이 매우 위험하기 때문에 산에서는 조심할 필요가 있다.	위험한
☐ numéro d'appel d'urgence	Le 112 est le numéro d'appel d'urgence européen unique, disponible gratuitement partout dans l'Union européenne. 112는 유럽에서 하나뿐인 응급 전화번호로서 유럽 국가 전역에서 무료로 사용할 수 있다.	m. 응급 전화번호
☐ heurter	La voiture a heurté le mur en sortant du garage. 자동차가 차고에서 나오면서 벽에 부딪쳤다. 유의어 cogner	부딪치다
☐ briser	Il a brisé la fenêtre en jouant au basket. 그는 농구를 하다가 창문을 깨뜨렸다.	부수다

☐ bruyant(e)	L'enfant bruyant a provoqué la fureur de sa mère. 시끄러운 아이가 엄마의 화를 돋우었다. 반의어 tranquille	시끄러운, 소란스러운
☐ erreur	Il s'est excusé de son erreur. 그는 자신의 실수를 사과했다.	f. 실수
☐ mal de mer	Louise ne peut pas rester sur le pont du bateau car elle a le mal de mer. 루이즈는 뱃멀미 때문에 배의 갑판에 머무를 수가 없다.	m. 뱃멀미
☐ timbre	J'ai presque oublié de mettre un timbre sur l'enveloppe. 나는 봉투에 우표를 붙여야 한다는 것을 거의 잊어버렸다.	m. 우표
☐ carte postale	Une seule phrase était écrite sur la carte postale. 엽서에는 단 한 문장만 쓰여 있었다.	f. 엽서
☐ courrier	Le facteur m'a apporté un courrier et un colis. 집배원이 나에게 편지 한 통과 소포 하나를 가져다주었다. 참고 m. mél, m. courrier électronique m. courriel 이메일	m. 편지, 우편물
☐ lettre recommandée	Ils m'ont envoyé une lettre recommandée. 그들이 나에게 등기 우편을 보냈다.	f. 등기 우편

☐ colis	Mon frère a reçu un colis contenant des livres ce matin. 내 남동생은 오늘 아침 책 소포를 받았다.	m. 소포
☐ bureau de poste	Il est allé chercher son paquet au bureau de poste. 그는 소포를 찾으러 우체국에 갔다. 유의어 la poste	m. 우체국
☐ conversation	Elle a eu une longue conversation avec sa mère aujourd'hui. 그녀는 오늘 엄마와 긴 대화를 나누었다.	f. 대화
☐ téléphoner	Je téléphone à mes parents chaque week-end. 나는 부모님께 주말마다 전화한다.	전화하다
☐ contacter	L'hôtel a contacté le client afin de confirmer sa réservation. 호텔은 예약을 확인하기 위해 손님에게 연락했다.	연락하다
☐ appeler	J'ai essayé d'appeler ma mère, mais elle était occupée. 나는 엄마에게 연락을 시도했지만, 엄마는 통화 중이었다.	전화하다, 부르다
☐ itinérance (téléphonique)	Vous pouvez utiliser votre portable dans environs 100 pays en activant l'itinérance téléphonique. 로밍을 하면 100여 개 국가에서 당신의 휴대폰으로 전화할 수 있습니다. 유의어 m. roaming	f. 로밍
☐ nouvelle	J'ai versé des larmes de joie en apprenant la nouvelle. 나는 소식을 듣고 기쁨의 눈물을 쏟았다. 참고 f.pl. nouvelles 뉴스	f. 소식

☐ **(téléphone) portable**

Je t'ai appelé, mais ton portable était éteint.

너에게 전화했었는데 휴대폰이 꺼져 있었다.

m. 휴대폰

의상, 잡화, 액세서리 종류

pantalon m. 바지

jupe f. 치마

jean m. 청바지

chemisier m. 블라우스

tailleur m. (여성용) 상하 한 벌, 투피스

costume m. (남성용) 정장

T-shirt m. 티셔츠

veste f. 재킷

chemise f. 와이셔츠

gilet m. 카디건

imperméable **m.** 레인코트, 트렌치코트

manteau **m.** 외투

blouson **m.** 점퍼

sous-vêtement **m.** 속옷

caleçon **m.** (남성용 사각) 팬티

slip **m.** (남녀 삼각) 팬티

soutien-gorge **m.** 브래지어

chaussette **f.** 양말

chaussures **f.pl.** 구두, 신발

chaussures de baskets/ de sport **f.pl.** 운동화

chaussures à talon **f.pl.** 하이힐

mocassins **m.pl.** 단화

bottes **f.pl.** 부츠

sandales **f.pl.** 샌들

pantoufles **f.pl.** 실내화, 슬리퍼

chapeau m. 모자 (중절모)

casquette f. 야구모자

écharpe f. 목도리, 숄

cravate f. 넥타이

gants m.pl. 장갑

ceinture f. 벨트

bretelles f.pl. 멜빵

sac à main m. 핸드백

parapluie m. 우산

lunettes f.pl. 안경

boucles d'oreilles f.pl. 귀걸이

collier m. 목걸이

bague f. 반지

bracelet m. 팔찌

montre f. (손목)시계

1 다음 그림에 맞는 표현을 고르세요.

① a. Elle prend un bain de soleil.

　b. Elle se baigne.

② a. Il ramasse des coquillages.

　b. Il fait des châteaux de sable.

2 빈칸에 알맞은 단어를 넣으세요.

① Pour conduire, il faut avoir (　　　　　　).

② Pour passer la douane, il faut montrer (　　　　　　).

③ Pour envoyer une carte postale, il faut mettre (　　　　　　).

3 알맞은 단어를 찾아 빈칸에 넣으세요.

| à l'aéroport | à un arrêt de bus | au port | dans une station | à la gare |

① On prend le bus (　　　　　　　).

② On prend le train (　　　　　　　).

③ On prend l'avion (　　　　　　　).

④ On prend le bateau (　　　　　　　).

⑤ On prend le métro (　　　　　　　).

4 그림에 맞는 단어를 찾아 연결하세요.

①　　　　　　　　　　　　　　　　　● a) costume

②　　　　　　　　　　　　　　　　　● b) fond de teint

③　　　　　　　　　　　　　　　　　● c) cravate

④　　　　　　　　　　　　　　　　　● d) boucles d'oreilles

⑤　　　　　　　　　　　　　　　　　● e) sac à main

정답

1 ① b ② a

2 ① le permis de conduire ② son passeport ③ un timbre

3 ① à un arrêt de bus ② à la gare ③ à l'aéroport ④ au port ⑤ dans une station

4 ① c ② e ③ b ④ d ⑤ a

104

Gastronomie
et Culture

음식과 문화

1 음식

Track 13

□ aliment	Il faut bien choisir ses aliments pour faire un régime équilibré. 균형 잡힌 다이어트를 하기 위해 음식을 잘 선택해야 한다. **유의어** f. nourriture	m. 음식
□ fruit	Les experts recommandent de manger cinq fruits et légumes par jour. 전문가들은 하루에 5가지 과일과 채소 섭취를 권장한다.	m. 과일
□ pomme	Nous allons préparer une tarte aux pommes. 사과 타르트를 만들어 보겠습니다.	f. 사과
□ orange	Les oranges et les citrons sont riches en vitamine C. 오렌지와 레몬은 비타민 C가 풍부하다.	f. 오렌지
□ banane	Je prends une banane au goûter. 나는 간식으로 바나나를 먹는다.	f. 바나나
□ fraise	Lavez et coupez les fraises en petits morceaux. 딸기를 씻고 작은 조각으로 자르세요.	f. 딸기
□ citron	La tarte au citron est la spécialité de cette pâtisserie. 레몬 타르트는 이 제과점의 대표 음식이다.	m. 레몬
□ raisin	On utilise du raisin pour faire du vin. 와인을 만드는 데에 포도를 사용한다.	m. 포도

pastèque	La pastèque est un fruit désaltérant. Elle est idéale en été.	f. 수박
	수박은 갈증을 해소해 주는 과일이다. 여름에 먹기 좋다.	
	유의어 m. melon d'eau	

| légume | Ce n'est pas facile de faire manger des légumes aux enfants. | m. 채소 |
| | 아이들에게 채소를 먹이는 것은 쉽지 않다. | |

pomme de terre	Mon grand-père cultive des pommes de terre.	f. 감자
	할아버지는 감자를 재배한다.	
	참고 f. patate douce 고구마	

| carotte | Est-ce que les lapins adorent vraiment les carottes ? | f. 당근 |
| | 토끼는 정말 당근을 좋아할까? | |

| oignon | Pourquoi les oignons font-ils pleurer ? | m. 양파 |
| | 왜 양파는 눈물이 나게 할까? | |

poireau	Il a oublié d'acheter un poireau pour préparer le dîner.	m. 파
	그는 저녁 준비를 위해 파를 사는 것을 잊었다.	
	참고 pl. poireaux	

| ail | L'ail est essentiel dans la cuisine coréenne. | m. 마늘 |
| | 마늘은 한국 요리에 필수적이다. | |

| tomate | Ajoutez les tomates fraîches coupées en morceaux à la sauce. | f. 토마토 |
| | 조각을 내서 자른 신선한 토마토를 소스에 넣어 주세요. | |

☐ viande	Alice est végétarienne. Elle ne mange pas de viande. 알리스는 채식주의자다. 그녀는 고기를 먹지 않는다. **참고** végétarien(ne) 고기, 생선, 해산물을 먹지 않음. végétalien(ne) 고기, 생선, 해산물뿐만 아니라 달걀 및 버터, 우유 등의 유제품도 먹지 않음.	f. 고기
☐ bœuf	J'ai assaisonné la viande de bœuf avec du sel et du poivre. 나는 소금과 후추로 소고기를 양념했다.	m. 소고기
☐ porc	Le porc est la viande la plus consommée en Corée. 돼지고기는 한국에서 가장 많이 소비되는 고기다.	m. 돼지고기
☐ poulet	Si on commande un poulet rôti, je ne mangerai que le blanc. 통닭 구이를 주문하면, 나는 닭 가슴살만 먹을 것이다. **참고** f. volaille 가금 f. pintade 뿔닭	m. 닭고기
☐ canard	Le prix du canard a connu une augmentation à cause de la grippe aviaire. 조류독감 때문에 오리고기 가격이 인상됐다.	m. 오리고기
☐ veau	Je connais une recette facile pour cuisiner un rôti de veau au four. 나는 송아지 고기 구이를 오븐에 요리하는 쉬운 레시피를 알고 있다.	m. 송아지 고기
☐ jambon	Le jambon-beurre est le sandwich le plus consommé par les Français. 햄 버터 샌드위치는 프랑스인들이 가장 많이 먹는 샌드위치다.	m. 햄

poisson	Elle mange son poisson grillé avec de la sauce soja. 그녀는 생선구이를 간장과 같이 먹는다.	m. 생선
fruits de mer	Les crabes et les crevettes sont des fruits de mer. 게와 새우는 해산물이다.	m.pl. 해산물
moule	Les moules-frites sont un plat populaire en Belgique. 홍합과 감자튀김은 벨기에의 대중적인 음식이다.	f. 홍합
huître	J'ai mangé des huîtres crues à Noël chez mon oncle. 나는 크리스마스에 이모부 댁에서 생굴을 먹었다.	f. 굴
thon	J'achète souvent du thon en boîte. C'est facile à cuisiner. 나는 자주 참치 캔을 산다. 참치 캔은 요리하기 쉽다.	m. 참치
saumon	Combien de kilos de saumon les Français consomment-ils par an ? 프랑스인들은 일 년에 몇 킬로그램의 연어를 소비할까?	m. 연어
maquereau	Le maquereau est un aliment riche en oméga-3. 고등어는 오메가-3가 풍부한 음식이다.	m. 고등어
œuf	« Qui de l'œuf ou de la poule est arrivé le premier ? » "닭이 먼저냐 달걀이 먼저냐?" 참고 pl. œufs [ø] 복수형 발음 유의	m. 달걀
repas	Marie n'a pas très faim. Elle se prépare un repas léger. 마리는 배가 별로 고프지 않다. 그녀는 가벼운 식사를 준비한다.	m. 식사

☐ petit-déjeuner | La plupart des élèves ne prennent pas de petit-déjeuner. | m. 아침

대부분의 학생들은 아침 식사를 하지 않는다.

☐ déjeuner | Mon chef a acheté une salade. Il n'a pas le temps de déjeuner. | m. 점심 v. 점심 식 사를 하다

내 상사는 샐러드를 샀다. 그는 점심 먹을 시간이 없다.

☐ dîner | Après le travail, il va dîner avec sa famille. | m. 저녁 v. 저녁 식 사를 하다

일이 끝난 후, 그는 가족과 함께 저녁을 먹을 것이다.

☐ goûter | Il est 16 heures. C'est l'heure du goûter ! | m. 간식 v. 간식을 먹다, 맛을 보다

오후 4시다. 간식 시간이다!

☐ entrée | Le repas est composé d'une entrée, d'un plat et d'un dessert. | f. 앙트레

식사는 앙트레, 요리, 디저트로 이루어진다.

☐ plat | Quel est le plat du jour ? | m. 요리

오늘의 요리는 무엇인가요?

유의어 m. mets

☐ dessert | Maman a fait un gâteau au chocolat pour le dessert. | m. 디저트

엄마는 디저트로 초콜릿 케이크를 만들었다.

☐ carte | Le serveur m'a apporté la carte. | f. 메뉴

음식점 종업원이 내게 메뉴를 갖다줬다.

유의어 m. menu

☐ spécialité | La choucroute est une spécialité alsacienne. | f. 대표 요리, 대표 음식

슈크루트는 알자스 지방의 대표 음식이다.

유의어 m. plat typique

110

☐ soupe	Ma tante a coupé la chair du potiron pour préparer une soupe. 이모는 수프를 만들기 위해 호박 살 부분을 잘랐다. **유의어** m. potage	f. 수프
☐ fromage	On mange du fromage après le plat principal et avant le dessert. 우리는 메인 요리 다음과 디저트 전에 치즈를 먹는다.	m. 치즈
☐ riz	Le riz est l'aliment de base de la cuisine coréenne. 쌀은 한국 요리의 기본이 되는 음식이다.	m. 쌀
☐ pâtes	Je mange des pâtes au moins trois fois par semaine. 나는 일주일에 적어도 세 번 면류를 먹는다. **참고** f. pâte 반죽	f.pl. 면류
☐ pain	En France, le pain accompagne souvent le repas. 프랑스에서는 식사를 할 때 흔히 빵을 곁들인다. **참고** f. brioche 브리오슈 m. pain de mie 식빵	m. 빵
☐ gâteau	Mon père va acheter un gâteau d'anniversaire en rentrant à la maison. 아버지는 집에 들어오면서 생일 케이크를 살 것이다.	m. 케이크
☐ tarte	Cette tarte au chocolat est très simple à faire. 이 초콜릿 타르트는 만들기 매우 간단하다.	f. 타르트
☐ biscuit	Elle donne un paquet de biscuits aux enfants. 그녀는 아이들에게 비스킷 한 상자를 준다.	m. 비스킷

☐ chocolat	Quel est votre chocolat préféré ? Le chocolat noir ou le chocolat au lait ? 당신은 어떤 초콜릿을 더 좋아합니까? 다크 초콜릿? 밀크 초콜릿?	m. 초콜릿
☐ confiture	Il étale du beurre et de la confiture d'abricots sur du pain. 그는 빵에 버터와 살구 잼을 바른다.	f. 잼
☐ yaourt	Sa grand-mère fait ses yaourts maison sans yaourtière. 그의 할머니는 요구르트 제조기 없이 집에서 요구르트를 만든다.	m. 요구르트
☐ glace	Je vais prendre de la glace au chocolat comme dessert. 나는 디저트로 초콜릿 아이스크림을 먹을 것이다.	f. 아이스크림
☐ boisson	Qu'est-ce que vous avez comme boissons ? 음료는 어떤 게 있습니까?	f. 음료
☐ eau	L'eau est le principal constituant du corps humain. 물은 인체의 주요 구성 요소다. 참고 f. eau potable 식수	f. 물
☐ eau gazeuse	L'eau gazeuse est-elle bonne ou mauvaise pour la santé ? 탄산수는 건강에 좋을까, 나쁠까?	f. 탄산수
☐ eau minérale	Nous avons acheté deux bouteilles d'eau minérale au supermarché. 우리는 슈퍼마켓에서 생수 두 병을 샀다.	f. 생수

café	Dès que j'arrive au bureau, je bois un café. 나는 사무실에 도착하자마자 커피를 마신다. 참고 보통 café라고 하면 에스프레소를 의미한다.	m. 커피
expresso	Il prend un expresso pour se réveiller. 그는 잠을 깨기 위해 에스프레소를 마신다.	m. 에스프레소
café allongé	Le matin, mon oncle boit un café allongé avec un croissant. 아침마다 삼촌은 크루아상과 함께 아메리카노를 마신다.	m. 아메리카노
chocolat chaud	En hiver, Nicolas prend un chocolat chaud au petit-déjeuner. 겨울이면 니콜라는 아침 식사를 할 때 핫초콜릿을 마신다.	m. 핫초콜릿
jus	Il y a beaucoup de sucre dans le jus d'orange. 오렌지 주스에는 설탕이 많이 들었다.	m. 주스
lait	Il a mal au ventre après avoir bu du lait. 그는 우유를 마신 후 배가 아프다.	m. 우유
thé	Après le dîner, elle préfère le thé au café. 저녁 식사 후, 그녀는 커피보다 차를 선호한다. 참고 f. tisane 허브티	m. 차
thé noir	Je me demande si le thé noir contient plus de caféine que le thé vert. 나는 홍차에 녹차보다 더 많은 카페인이 들어 있는지 궁금하다.	m. 홍차

□ thé vert	Selon les dernières études, le thé vert possède un effet antioxydant. 최근 연구에 따르면, 녹차는 항산화 효과가 있다.	m. 녹차
□ alcool	L'alcool est considéré comme mauvais pour la santé. 술은 건강에 나쁘다고 여겨진다.	m. 술
□ bière	La bière est produite dans de nombreux pays du monde, par exemple, en France et en Allemagne. 맥주는 예를 들어 프랑스와 독일 등 세계 여러 나라에서 생산된다.	f. 맥주
□ vin	On peut déguster beaucoup de vins au Salon du vin de Bordeaux. 우리는 보르도 와인 박람회에서 많은 와인을 시음할 수 있다.	m. 와인
□ vin rouge	Il vaut mieux prendre du vin rouge avec la viande. 육류에는 레드와인을 마시는 것이 더 낫다.	m. 레드 와인
□ vin blanc	Dans ce vin blanc, on retrouve des arômes d'acacias. 이 화이트와인에서는 아카시아 향이 난다.	m. 화이트 와인
□ vin rosé	La Corée n'importe pas encore beaucoup de vins rosés. 한국은 로제와인을 아직 많이 수입하지 않는다.	m. 로제 와인
□ champagne	J'ai ouvert une bouteille de champagne pour fêter l'anniversaire de ma mère. « À la tienne ! » 나는 어머니의 생신을 축하하기 위해 샴페인 한 병을 땄다. "건배!" 참고 건배: Santé !, À votre santé !, Tchin-tchin, Toast, etc.	m. 샴페인

apéritif	Est-ce que vous voulez prendre un apéritif ? Un whisky ou un gin ? 아페리티프 드시겠어요? 위스키나 진?	m. 아페리티프, 식전주
digestif	On peut déguster un digestif après le repas. C'est un alcool fort, comme le cognac. 식사 후 디제스티프를 맛볼 수 있다. 디제스티프는 코냑처럼 센 술이다.	m. 디제스티프, 식후주
ingrédient	Si je peux acheter tous les ingrédients, je ferai ce gâteau. 모든 재료를 살 수 있으면 이 케이크를 만들 것이다.	m. 재료
condiment	Le sel et le poivre sont des condiments essentiels pour cuisiner. 소금과 후추는 요리하기 위해 필수적인 양념이다. 유의어 f. épice	m. 양념
sel	Il n'a pas goûté son plat avant d'y ajouter du sel. 그는 소금을 넣기 전에 요리를 맛보지 않았다.	m. 소금
sucre	Aujourd'hui, la consommation de sucre augmente chez les Coréens. 오늘날, 한국인의 설탕 소비가 증가하고 있다.	m. 설탕
poivre	Elle a mis trop de poivre dans la sauce. 그녀는 소스에 후추를 너무 많이 넣었다.	m. 후추
sauce soja	Faites mariner le blanc de poulet et les oignons dans la sauce soja. 닭 가슴살과 양파를 간장에 재워 두세요.	f. 간장

☐ pâte de soja fermentée	Faites bouillir de l'eau et mettez une cuillère de pâte de soja fermentée. 물을 끓이고 된장을 한 큰술 넣어 주세요.	f. 된장
☐ huile	Faites chauffer l'huile végétale dans une grande poêle. 큰 프라이팬에 식물성 식용유를 데워 주세요.	f. 식용유
☐ huile d'olive	Ma mère ajoute un peu d'huile d'olive dans la salade. 어머니는 샐러드에 올리브 오일을 약간 넣는다.	f. 올리브 오일
☐ vinaigre	Versez le vinaigre, l'huile d'olive, le sel et le poivre dans un saladier. 식초, 올리브 오일, 소금, 후추를 샐러드 그릇에 넣어 주세요.	m. 식초
☐ farine	Vous pensez que la farine peut causer des problèmes de digestion ? 밀가루가 소화 문제를 야기할 수 있다고 생각하십니까?	f. 밀가루
☐ beurre	Le beurre est un ingrédient essentiel de la gastronomie française. 버터는 프랑스 요리에서 중요한 재료다.	m. 버터
☐ miel	La production de miel a fortement diminué cette année. 올해 꿀 생산이 크게 감소했다.	m. 꿀
☐ sauce	Je mange souvent des pâtes à la sauce tomate. 나는 토마토 소스 파스타를 자주 먹는다.	f. 소스

vaisselle	J'ai sorti la vaisselle en porcelaine pour mes parents. 나는 부모님을 위해 자기 식기를 꺼냈다. 참고 faire la vaisselle 설거지를 하다	f. 식기
assiette	J'ai acheté douze assiettes à dessert pour préparer une soirée. 나는 저녁 모임을 준비하기 위해 디저트 접시 12개를 샀다.	f. 접시
verre	Il n'y a pas assez de verres à eau sur la table. 식탁에 물컵이 충분하지 않다.	m. 컵
cuillère	Donne-moi une cuillère pour manger ma soupe, s'il te plaît ! 수프 먹게 숟가락 좀 줘!	f. 숟가락
baguettes	Mon fils a trois ans. Il ne sait pas encore utiliser les baguettes. 내 아들은 세 살이다. 그는 아직 젓가락을 쓸 줄 모른다. 참고 f. baguette 바게트, 막대기, 지휘봉	f.pl. 젓가락
fourchette	Alors, je lui donne une fourchette pour qu'il puisse manger tout seul. 그래서 나는 그가 혼자 먹을 수 있도록 포크를 준다.	f. 포크
couteau	Mais, je ne lui donne pas encore un couteau car c'est dangereux à son âge. 하지만 그 나이에는 위험할 수 있기 때문에 아직 나이프는 주지 않는다.	m. 나이프
cuillère à café	Lisa mange son gâteau avec une cuillère à café. 리자는 티스푼으로 케이크를 먹는다.	f. 티스푼

serviette	Il pose la serviette sur ses genoux.	f. 냅킨
	그는 무릎 위에 냅킨을 둔다.	
	참고 m. rond de serviette 둥근 냅킨 고리	

bouteille	J'ai commandé six bouteilles de vin rouge bordelais.	f. 병, 술병
	나는 보르도 레드와인 6병을 주문했다.	
	참고 m. bouchon de liège 코르크 마개 m. tire-bouchon 코르크 따개	

carafe d'eau	Au restaurant, je préfère demander une carafe d'eau car l'eau en bouteille est payante.	f. 물병, 물 한 병
	음식점에서 나는 물 한 병을 달라고 하는 것을 선호한다. 생수는 유료이기 때문이다.	
	참고 식당에서 무상으로 제공하는 carafe d'eau는 생수가 아닌 수돗물이다.	

| ustensile de cuisine | Les poêles et les casseroles sont des ustensiles de cuisine. | m. 조리
기구 |
| | 프라이팬, 냄비는 조리 기구다. | |

| poêle | Avant de cuire la viande, il faut bien chauffer la poêle. | f. 프라이팬 |
| | 고기를 굽기 전에 프라이팬을 잘 달궈야 한다. | |

| casserole | Guillaume n'a pas de micro-ondes chez lui. Il a mis du lait à chauffer dans la casserole. | f. 냄비 |
| | 기욤은 집에 전자레인지가 없다. 그는 데워야 할 우유를 냄비에 부었다. | |

balance	Comme elle sait que j'aime faire des gâteaux, Julie m'a offert une balance de cuisine. 내가 케이크 만들기를 좋아한다는 것을 알기 때문에 쥘리는 내게 요리용 저울을 선물했다.	f. 저울
louche	On sert la soupe avec une louche. 우리는 국자로 국을 뜬다.	f. 국자
planche à découper	Le boulanger a déposé une baguette sur la planche à découper. 제빵사는 도마 위에 바게트 하나를 올려놓았다.	f. 도마
plateau	La serveuse apporte les plats sur un plateau. 음식점 종업원은 쟁반에 요리를 가져온다. 참고 m. plateau de fromage 치즈 플레이트	m. 쟁반
corbeille à pain	Elle a mis les tranches de pain dans la corbeille à pain. 그녀는 빵 바구니에 빵 조각을 넣었다.	f. 빵 바구니
four	Préchauffez le four à 180°C. 오븐을 180°C에 예열하세요.	m. 오븐
recette	Nous pouvons trouver facilement des recettes de cuisine sur Internet. 우리는 인터넷에서 요리 레시피를 쉽게 찾을 수 있다.	f. 레시피
livre de cuisine	Mais, j'ai quand même envie d'acheter de beaux livres de cuisine. 하지만 그래도 나는 좋은 요리책을 사고 싶다.	m. 요리책

gastronomie	Ce journaliste français s'intéresse à la gastronomie coréenne. 이 프랑스 기자는 한국 요리에 관심이 있다.	f. 미식, 요리(법), 식도락
gourmet	Mon grand-père est un fin gourmet. 할아버지는 섬세한 미식가다. **참고** gourmand 대식가, 미식가 avoir le palais fin 미식가다	m. 미식가
serveur/ serveuse	Le serveur nous a placé à une table non-fumeur. 음식점 종업원은 우리를 금연석 테이블에 앉게 했다. **참고** m. serveur (인터넷) 서버	음식점 종업원
commande	Et puis, il a pris notre commande avec le sourire. 그리고 그는 웃으면서 우리의 주문을 받았다.	f. 주문
pourboire	J'ai donné un pourboire à ce serveur. 나는 이 종업원에게 팁을 줬다.	m. 팁
addition	L'addition, s'il vous plaît ! 계산서 주세요!	f. 계산서
cuisson	- Je vais prendre le steak-frites. 나는 스테이크와 감자튀김을 먹겠어요. - Quelle cuisson ? 굽기는 어떻게 할까요? - Bien cuit, s'il vous plaît ! 웰던으로 해 주세요! **참고** saignant 레어 à point 미디엄	f. 굽기, 익히기

☐ brochette	On mange des brochettes de mouton avec la bière. 우리는 맥주와 함께 양꼬치구이를 먹는다.	f. 꼬치구이
☐ goût	La langue ressent des goûts différents : le sucré, le salé, l'amer, l'acide. 혀는 단맛, 짠맛, 쓴맛, 신맛 등 다른 맛을 느낀다.	m. 맛
☐ sucré(e)	Ma petite sœur préfère le sucré au salé. 내 여동생은 짠맛보다는 단맛을 더 좋아한다.	a./m. 단, 단맛
☐ salé(e)	La nourriture trop salée peut faire grossir. 너무 짠 음식은 살을 찌게 할 수 있다.	a./m. 짠, 짠맛
☐ amer/amère	Son café est amer. Il a oublié de mettre du sucre. 그의 커피가 쓰다. 그는 설탕을 넣는 것을 잊었다.	a./m. 쓴, 쓴맛
☐ acide	Le thé au citron est acide. Donnez-moi du miel, s'il vous plaît ! 레몬차가 시네요. 꿀 좀 주세요!	a./m. 신, 신맛
☐ épicé(e)	Il n'a pas bien mangé car son plat était trop épicé. 요리가 너무 매워서 그는 잘 못 먹었다. 유의어 piquant(e), pimenté(e)	매운, 향신료를 넣은
☐ fade	La soupe est fade. Passe-moi le sel, s'il te plaît ! 수프가 싱겁다. 소금 좀 줘.	싱거운
☐ délicieux/ délicieuse	J'ai bien mangé. C'était vraiment délicieux. 잘 먹었다. 정말 맛있었다.	맛있는

□ appétissant(e)	Certaines couleurs sont plus appétissantes que d'autres.	식욕을 돋우는
	어떤 색상은 다른 색상보다 더 식욕을 돋운다.	
□ mangeable	Ces légumes sont trop cuits, à tel point qu'ils ne sont plus mangeables.	먹을 수 있는, 먹을 만한
	이 채소는 더 이상 먹을 수 없을 정도로 너무 익었다.	
	유의어 comestible 식용 가능한	
	반의어 immangeable	
□ faire la cuisine	Je veux apprendre à faire la cuisine pendant mes vacances.	요리를 하다
	나는 휴가 기간 동안 요리하는 법을 배우고 싶다.	
	유의어 préparer des plats	
□ faire cuire	Faites cuire les steaks en ajoutant une cuillère à café de sel.	익히다, 굽다
	소금 1 티스푼을 넣고 스테이크를 구워 주세요.	
□ faire sauter	Faites sauter les légumes dans un wok.	볶다
	웍에 채소를 볶아 주세요.	
□ faire frire	Sa mère a fait frire du poulet pour les enfants.	튀기다
	그의 어머니는 아이들을 위해 닭을 튀겼다.	
□ faire bouillir	Je fais bouillir du lait pour préparer un chocolat chaud.	끓이다
	나는 핫초콜릿을 만들기 위해 우유를 끓인다.	
□ faire mijoter à petit feu	Faites mijoter à petit feu pendant 20 à 30 minutes.	약한 불에 오래 끓이다
	20분에서 30분 동안 약한 불에 오래 끓이세요.	

faire cuire à la vapeur	Faites cuire à la vapeur **les pommes de terre épluchées.** 껍질을 벗긴 감자를 찌세요.	찌다
battre	Battez **six œufs à la fourchette avec une demie cuillère à café de sel.** 소금 1/2 티스푼을 넣고 포크로 달걀 6개를 휘저어 주세요.	휘젓다
assaisonner	Ma tante a assaisonné **la salade avec de l'huile d'olive, de la moutarde et du vinaigre.** 이모는 올리브 오일, 머스터드, 식초로 샐러드를 양념했다.	양념하다
accompagner	Le poulet est accompagné **de frites.** 닭고기에 감자튀김이 곁들여진다.	곁들이다
réserver	Est-ce que vous avez réservé **une table ?** 테이블 예약하셨습니까?	예약하다

2 문화

Track 14

☐ culture	Comment peut-on définir la culture française ? 프랑스 문화를 어떻게 정의할 수 있을까?	f. 문화
☐ art	Le neuvième art est la bande dessinée. 제9의 예술은 만화다.	m. 예술
☐ film	Je n'aime pas les films d'horreur. 나는 공포 영화를 좋아하지 않는다. 참고 m. film d'action 액션영화 m. film de science-fiction SF영화 m. film en noir et blanc 흑백영화 m. long-métrage 장편영화 m. court-métrage 단편영화	m. 영화
☐ cinéma	Qu'est-ce qu'il y a au cinéma ? 영화관에서 어떤 영화를 상영하니?	m. 영화관, 영화
☐ sous-titre	Ces jours-ci, je ne regarde que des films avec des sous-titres en français pour améliorer mon niveau. 요즈음 나는 프랑스어 수준을 향상시키기 위해 프랑스어 자막으로만 영화를 본다. 참고 sous-titrer 자막을 넣다 m. sous-titrage 자막 삽입	m. 자막
☐ doublage	Ce film est en version originale. Il n'y a pas de doublage. 이 영화는 원어판이다. 더빙이 없다. 참고 doubler 더빙하다	m. 더빙
☐ séance	La prochaine séance est à quelle heure ? 다음 상영은 몇 시입니까?	f. 상영 (시간)

☐ dessin animé	Les adultes regardent aussi les dessins animés. 성인들도 만화 영화를 본다. **유의어** m. film d'animation	m. 만화 영화
☐ bande dessinée	Je suis fou de bandes dessinées comme Astérix, Tintin, etc. 나는 아스테릭스나 틴틴 같은 만화에 푹 빠져 있다.	f. 만화
☐ bande-annonce	Avant le début de la projection du film, on voit les bandes-annonces des films qui vont sortir prochainement. 영화가 상영되기 전에, 곧 개봉할 영화의 예고편을 본다.	f. 예고편
☐ montage	Plusieurs scènes ont été supprimées au montage. 여러 장면이 편집에서 삭제됐다.	m. 편집
☐ réalisateur/ réalisatrice	Le réalisateur tourne son nouveau film à Paris. 영화 감독은 그의 새 영화를 파리에서 촬영한다.	영화 감독
☐ scénariste	Le film a eu un grand succès grâce à cette nouvelle scénariste. 영화는 신예 시나리오 작가 덕분에 큰 성공을 거뒀다.	시나리오 작가
☐ scénario	Elle a passé quatre ans à écrire le scénario de ce film. 그녀는 이 영화의 시나리오를 쓰는데 4년이 걸렸다.	m. 시나리오
☐ monteur/ monteuse	Le monteur joue un rôle important aussi dans la production d'un film. 영화 편집자 또한 영화 제작을 위해 중요한 역할을 한다.	영화 편집자

□ caméraman	Mon voisin est caméraman. Il se déplace beaucoup avec son équipe. 내 이웃은 카메라맨이다. 그는 그의 팀과 함께 출장을 많이 간다.	m. 촬영기사, 카메라맨
□ filmer	Elle filme son enfant avec un portable. 그녀는 휴대 전화로 아이를 촬영한다. 유의어 tourner	촬영하다
□ acteur/actrice	Connaissez-vous cet acteur ? Il est très connu en Corée. 이 배우 아세요? 한국에서 매우 유명합니다. 유의어 comédien(ne)	배우
□ adaptation cinématographique	Ce film est l' adaptation cinématographique d'un roman. 이 영화는 소설을 영화화한 것이다. 참고 adapter 각색하다	f. 영화화, 영화로 각색
□ effets spéciaux	Les effets spéciaux sont impressionnants dans les films « X-Men ». 「엑스맨」 영화에서 특수 효과는 인상적이다.	m.pl. 특수 효과
□ affiche	On ne connaît pas ce film, mais son affiche attire notre attention. 우리는 이 영화를 알지 못하지만 포스터가 우리의 관심을 끈다.	f. 포스터, 공연 프로 그램
□ théâtre	Ce soir, je vais au théâtre pour voir « Hamlet ». 오늘 저녁 나는 「햄릿」을 보러 연극 극장에 간다.	m. 연극, 연극 극장
□ acte	Cette pièce de théâtre est en cinq actes. 이 연극 작품은 5막이다.	m. 막

scène	J'ai oublié d'apporter mes lunettes. Je ne vois pas bien la scène. 나는 안경을 가져오는 것을 깜빡했다. 무대가 잘 보이지 않는다.	f. 무대, 장면
rideau	La musique commence, puis le rideau se lève. 음악이 시작되고 막이 올라간다.	m. 막, 커튼
éclairage	Les éclairages de ce spectacle sont originaux. 이 공연의 조명은 독창적이다.	m. 조명
décor	Le décor de cette pièce est moderne. 이 작품의 무대 장치는 현대적이다.	m. 배경, 무대 장치
costume	Les costumes de cette pièce représentent le 19ème siècle. 이 작품의 무대 의상은 19세기를 보여 준다.	m. 의상, 무대 의상
rôle	Christelle joue en général un rôle secondaire, mais elle a obtenu le rôle principal cette fois-ci. 크리스텔은 보통 조연을 하지만 이번에는 주인공 역할을 따냈다.	m. 역, 역할
spectateur	Le film a attiré plus de six millions de spectateurs pendant deux mois. 영화는 두 달 동안 6백만 명 이상의 관객을 끌었다.	m. 관객
spectacle	À la fin du spectacle, les lumières se rallument. 공연이 끝나고 불이 다시 켜졌다.	m. 공연, 연극

☐ comédie musicale	Elle n'a jamais vu de comédie musicale. 그녀는 뮤지컬을 한 번도 본 적이 없다.	f. 뮤지컬
☐ opéra	Il y aura une représentation de l'opéra de Mozart « La Flûte enchantée » à Séoul ce samedi. 모차르트의 오페라 「마술피리」를 이번 주 토요일 서울에서 공연한다.	m. 오페라
☐ orchestre	Ce jeune pianiste va jouer avec un orchestre. 이 젊은 피아니스트는 오케스트라와 함께 연주할 것이다. 참고 m. chef d'orchestre 오케스트라 지휘자	m. 오케스트라
☐ chorale	Ma fille est membre d'une chorale. 내 딸은 합창단원이다. 유의어 m. chœur	f. 합창대
☐ soliste	La soliste commence à interpréter la deuxième partie. 독주자가 두 번째 파트를 연주하기 시작한다.	독주자
☐ musique	La musique est devenue une discipline obligatoire à l'école primaire depuis 1882. 음악은 1882년 이후로 초등학교에서 필수 과목이 되었다.	f. 음악
☐ instrument de musique	À quel âge mon enfant peut-il commencer l'apprentissage d'un instrument de musique ? 내 아이는 몇 살에 악기를 배우기 시작할 수 있을까?	m. 악기

☐ instrument à percussion	Le tambour, les cymbales, le triangle sont des instruments à percussion. 북, 심벌즈, 트라이앵글은 타악기다.	m. 타악기
☐ instrument à cordes	Le son des instruments à cordes est produit par la vibration d'une ou plusieurs cordes. 현악기의 소리는 한 개 혹은 여러 개 현의 진동으로 발생한다.	m. 현악기
☐ instrument à vent	Dans l'orchestre classique, les instruments à vent sont constitués par les bois d'une part, et par les cuivres d'autre part. 전통적인 관현악단에서 관악기는 일부는 목관악기이고, 또 일부는 금관악기다.	m. 관악기
☐ piano	Sais-tu jouer du piano ? 피아노 칠 줄 아니? 참고 m. orgue 파이프오르간	m. 피아노
☐ clavier	Il pose ses mains sur le clavier. 그는 건반에 손을 올린다.	m. 건반
☐ violon	Je sais jouer du violon. 나는 바이올린을 연주할 수 있다. 참고 f. corde 현, 줄	m. 바이올린
☐ guitare	Il a appris à jouer de la guitare au service militaire. 그는 군대에서 기타 연주하는 법을 배웠다.	f. 기타
☐ partition	Mon petit frère joue sans partition. 내 동생은 악보 없이 연주한다.	f. 악보

☐ improvisation	Le musicien a commencé une improvisation à la fin du spectacle. 음악가는 공연 말미에 즉흥 연주를 시작했다.	f. 즉흥 연주
☐ répétition	Avant le spectacle, les comédiens font des répétitions plusieurs fois. 공연 전에 배우들은 여러 번 리허설을 한다.	f. 연습, 리허설
☐ entracte	Je vais acheter une boisson pendant l'entracte. 나는 중간 휴식시간에 음료를 살 것이다. 유의어 f. pause	m. 인터미션, 중간 휴식 시간
☐ musicien(ne)	Mon père est musicien. Il joue du piano. 아버지는 음악가다. 그는 피아노를 연주한다.	음악가
☐ chanteur/ chanteuse	Quel est ton chanteur préféré ? 너는 어떤 가수를 좋아하니? 참고 f. chanson 노래 　　 m. chantage 협박	가수
☐ compositeur/ compositrice	Mozart est le compositeur de l'opéra : « Les Noces de Figaro ». 모차르트는 오페라 「피가로의 결혼」의 작곡가다.	작곡가
☐ voix	Sa fille a une belle voix. 그의 딸은 아름다운 목소리를 가졌다.	f. 음성, 목소리
☐ danse	Quand j'étais petite, j'ai appris la danse classique. 나는 어렸을 때 고전무용을 배웠다. 참고 f. danse classique 고전무용 　　 f. danse moderne 현대무용	f. 춤, 무용

☐ ballet	« Le Lac des Cygnes » est le ballet le plus joué au monde. 「백조의 호수」는 세계에서 가장 많이 공연된 발레다.	m. 발레
☐ danseur/ danseuse	Sa grande sœur est danseuse. 그녀의 언니는 무용가다.	무용가
☐ art plastique	La sculpture et la peinture sont des arts plastiques. 조각, 회화는 조형예술이다. 참고 m.pl. beaux-arts 순수미술	m. 조형 예술
☐ dessin	Mon petit frère a fait un dessin avec les photos de ses chats. 내 남동생은 고양이 사진으로 데생을 했다.	m. 소묘, 데생
☐ dessiner	Le cours se termine dans cinq minutes. Vous avez fini de dessiner ? 수업이 5분 후면 끝납니다. 다 그렸나요?	소묘하다, (선으로) 그리다
☐ peindre	Nous commencerons à peindre la semaine prochaine. 다음 주에 칠을 시작하겠습니다.	칠하다
☐ peinture	Je me suis inscrit à un cours de peinture. 나는 회화 수업에 등록했다. 유의어 m. tableau	f. 회화, 그림, 물감
☐ pinceau	Je dois acheter de nouveaux pinceaux et de la peinture. 나는 새로운 미술 붓과 물감을 사야 한다.	m. 붓
☐ palette	On m'a offert une nouvelle palette pour mon anniversaire. 나는 생일에 새 팔레트를 받았다.	f. 팔레트, (화가의) 색조, 색채

☐ toile	Le modèle pose devant la toile. 모델은 캔버스 앞에서 포즈를 취한다.	f. 캔버스
☐ portrait	Connaissez-vous le prix d'un portrait à Montmartre ? 몽마르트르에서 초상화 가격이 얼마인지 아세요? 참고 m. portrait-robot 몽타주, 전형	m. 초상화
☐ nature morte	Au lycée, nous avons appris à dessiner des natures mortes. 고등학교에서 우리는 정물화 그리기를 배웠다. 참고 m. paysage 풍경화	f. 정물화
☐ sculpture	L'artiste a reproduit la sculpture à une échelle réduite. 예술가는 그 조각을 더 작은 사이즈로 복제했다. 참고 sculpter	f. 조각
☐ statue	Il existe plusieurs statues dans ce jardin. 이 정원에는 여러 조각상이 있다.	f. 조각상, 상
☐ édifice	On trouve les édifices de Gaudi à Barcelone. 바르셀로나에는 가우디의 건축물이 있다. 참고 f. architecture 건축	m. 건축물
☐ photo	Ma mère garde toutes mes photos depuis ma naissance. 어머니는 내가 태어난 이후의 모든 사진을 갖고 계신다. 참고 m. tirage 인화	f. 사진
☐ développer	On peut désormais développer nos photos sur Internet. 이제 우리는 인터넷에서 사진을 현상할 수 있다. 참고 개발하다, 전개하다	현상하다

☐ artiste	Tous les membres de la famille sont des artistes excepté moi. 나를 제외한 집안 식구들은 모두 다 예술가다.	예술가
☐ peintre	Le peintre ne veut pas vendre ses tableaux. 화가는 자신의 그림을 팔고 싶어 하지 않는다.	화가
☐ sculpteur	Rodin est l'un des plus célèbres sculpteurs français. 로댕은 유명한 프랑스 조각가 중 한 명이다.	조각가
☐ photographe	On cherche un photographe pour le mariage. 우리는 결혼식을 위해 사진사 한 명을 구한다.	사진사
☐ architecte	Il veut devenir architecte. Il fera ses études en France. 그는 건축가가 되길 원한다. 그는 프랑스에서 공부할 것이다.	건축가
☐ exposition	La mairie de Séoul prévoit d'organiser une exposition cet été. 서울 시청은 이번 여름에 전시회를 기획할 예정이다.	f. 전시회
☐ restauration	On ne peut pas entrer dans le musée en ce moment, car il est en cours de restauration. 지금은 박물관에 들어갈 수 없다. 복원이 진행 중이기 때문이다. 참고 '외식업'을 의미하기도 함.	f. 복원
☐ restaurer	Cette cathédrale a été restaurée récemment. 이 대성당은 최근에 복원됐다.	복원하다

☐ jouer	Vous jouez d'un instrument de musique ? 악기 연주를 하십니까?	연기하다, 연주하다
☐ danser	J'aime la danse, mais je ne sais pas danser. 나는 춤을 좋아하지만 춤을 못 춘다.	춤추다
☐ chanter	Mon père chante bien et il joue aussi du piano. 아버지는 노래를 잘 부르고 피아노도 친다. 참고 chanter faux 음치처럼 노래하다	노래하다
☐ applaudir	Le rideau est tombé, mais les spectateurs continuent d'applaudir. 막이 내려갔지만 관객들은 계속 박수를 친다. 참고 m.pl. applaudissements 박수갈채	박수 치다, 갈채를 보내다

3 종교

☐ religion

Je n'ai pas de religion, mais ma famille est catholique.

나는 종교가 없지만 가족들은 천주교다.

> 참고 m. athéisme 무신론
> m. bouddhisme 불교
> m. christianisme 기독교
> m. catholicisme 천주교
> m. protestantisme 개신교
> m. islam 이슬람교
> m. judaïsme 유대교

f. 종교

☐ cathédrale

Les touristes prennent une photo devant la cathédrale.

관광객들은 대성당 앞에서 사진을 찍는다.

> 유의어 f. basilique

f. 대성당

☐ église

Elle va à l'église deux fois par semaine.

그녀는 일주일에 두 번 교회에 간다.

f. 교회, 성당

☐ mosquée

Y-a-t-il des mosquées en Corée ?

한국에 이슬람 사원이 있습니까?

f. 모스크, 이슬람 사원

☐ prêtre

Mon cousin est devenu prêtre.

내 사촌은 신부가 됐다.

> 참고 m. rabbin 랍비
> m. imam 이맘(이슬람 교단의 지도자)
> m. pasteur 목사

m. 신부

☐ Dieu

Personne n'a encore réussi à établir l'existence de Dieu.

아직 아무도 신의 존재를 밝히는 데 성공하지 못했다.

m. 신

쉬어가기

1 과일

pomme f. 사과

banane f. 바나나

orange f. 오렌지

figue f. 무화과

poire f. 배

kiwi m. 키위

pêche f. 복숭아

grenade f. 석류

abricot m. 살구

mangue f. 망고

framboise f. 라즈베리

ananas m. 파인애플

raisin m. 포도

papaye f. 파파야

fraise f. 딸기

cassis m. 블랙커런트

myrtille f. 블루베리

cerise f. 체리

melon m. 멜론

pastèque f. 수박

136

2 채소

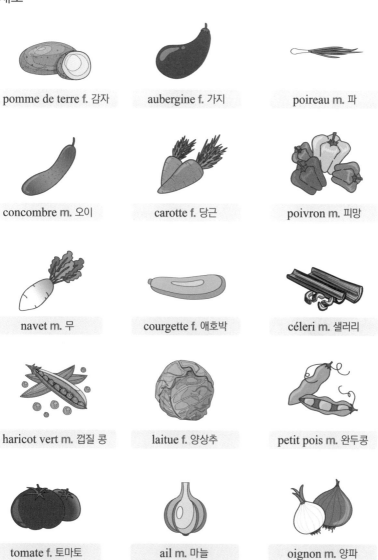

pomme de terre f. 감자

aubergine f. 가지

poireau m. 파

concombre m. 오이

carotte f. 당근

poivron m. 피망

navet m. 무

courgette f. 애호박

céleri m. 샐러리

haricot vert m. 껍질 콩

laitue f. 양상추

petit pois m. 완두콩

tomate f. 토마토

ail m. 마늘

oignon m. 양파

potiron m. 호박

épinard m. 시금치

persil m. 파슬리

3 조리 기구

poêle	f. 프라이팬	louche	f. 국자
casserole	f. 냄비	cocotte	f. 스튜 냄비
couvercle	m. 뚜껑	cocotte-minute	f. 압력솥
saladier	m. 샐러드 접시	moulin à café	m. 커피 원두 분쇄기
ouvre-boîte	m. 통조림 따개	cafetière électrique	f. 전기 커피메이커
moule à gâteau	m. 케이크 틀	rouleau à pâtisserie	m. 밀방망이
planche à découper	f. 도마	plateau	m. 쟁반

4 악기

piano m. 피아노

clavier électronique m. 키보드

accordéon m. 아코디언

xylophone m. 실로폰

batterie f. 퍼커션, 드럼

tambourin m. 탬버린

tambour m. 북

cymbales f.pl. 심벌즈

triangle m. 트라이앵글

castagnettes
f.pl. 캐스터네츠

saxophone m. 색소폰

clarinette f. 클라리넷

flûte f. 플루트

flûte à bec f. 리코더

harmonica m. 하모니카

harpe f. 하프

guitare f. 기타

guitare électrique
f. 전자기타

violon m. 바이올린

violoncelle m. 첼로

contrebasse
f. 콘트라베이스

5 프랑스의 종교 휴일

Lundi de Pâques	부활절 월요일 / 부활절 다음날 (매년 날짜 바뀜)
Jeudi de l'Ascension	예수 승천일 목요일 / 부활절 40일 후 (매년 날짜 바뀜)
Lundi de Pentecôte	성령(혹은 성신) 강림 축일 월요일 부활절 50일 후 (매년 날짜 바뀜)
Assomption (le 15 août)	성모승천일 8월 15일
Toussaint (le 1er novembre)	만성절 11월 1일
Noël (le 25 décembre)	크리스마스 12월 25일

1 그림에 맞는 단어를 찾아 연결하세요.

① 　　　　　　　　● a) pastèque

② 　　　　　　　　● b) raisin

③ 　　　　　　　　● c) ananas

④ 　　　　　　　　● d) pomme

⑤ 　　　　　　　　● e) fraise

2 빈칸에 알맞은 단어를 보기 에서 찾아 쓰세요.

> 보기　petit-déjeuner / dîner / plat / glace / monteur / réalisateur

① Le repas est composé d'une entrée, d'un (　　　　) et d'un dessert.

② Le matin, je prends mon (　　　　).

③ Le (　　　　) tourne son nouveau film à Busan.

3 다음 명사의 여성형을 쓰세요.

① acteur → (　　　　　　　　)

② danseur → (　　　　　　　　)

③ musicien → (　　　　　　　　)

④ chanteur → (　　　　　　　　)

4 밑줄 친 의미에 맞게 빈칸에 알맞은 단어를 쓰세요.

① Alice est végétarienne. Elle ne mange pas de (　　　　　　　　).
알리스는 채식주의자다. 그녀는 <u>고기</u>를 먹지 않는다.

② Est-ce que vous avez (　　　　　　　　) une table ?
테이블 <u>예약하셨습니까</u>?

③ Mon père (　　　　　　　　) bien et il joue aussi du piano.
아버지는 <u>노래</u>를 잘 <u>부르고</u> 피아노도 친다.

1 ① d ② e ③ a ④ b ⑤ c

2 ① plat ② petit-déjeuner ③ réalisateur

3 ① actrice ② danseuse ③ musicienne ④ chanteuse

4 ① viande ② réservé ③ chante

V

Éducation, Vie scolaire et Loisirs

교육과 학교생활 및 여가생활

☐ élève	Cet élève ne semblait pas intéressé par les cours de mathématiques. 저 학생은 수학 수업에 흥미가 있는 것처럼 보이지 않는다. **참고** écolier/écolière 초등학생 collégien(ne) 중학생 lycéen(ne) 고등학생 étudiant(e) 대학생	학생
☐ professeur	M. Montand a travaillé comme professeur à l'université. 몽탕 씨는 대학에서 교수로 일했다. **유의어** maître/maîtresse d'école 초등학교 교사 enseignant(e) instituteur/institutrice	선생님, 교수
☐ école	Mon enfant entre à l'école primaire cette année. 우리 아이는 올해 초등학교에 입학한다. **참고** f. école maternelle 유치원 f. école primaire 초등학교 m. collège 중학교 m. lycée 고등학교 f. université 대학교 f. école privée/école publique 사립학교/ 공립학교	f. 학교
☐ vacances scolaires	Où partir avec les enfants pendant les vacances scolaires ? 방학 동안 아이들과 함께 어디로 떠날까?	f.pl. 방학
☐ colonie de vacances	Les enfants vont partir en colonie de vacances : ils vont voyager en groupe sans leurs parents, mais avec des moniteurs. 아이들은 여름 캠프를 떠날 예정이다. 이에 아이들은 부모 없이 단체로 지도자와 함께 떠난다. **참고** m. moniteur 지도 요원	f. 여름 캠프, 서머 스쿨

☐ rentrée	Dans trois semaines, c'est la rentrée. 3주 후면 개학이다.	f. 개학
☐ pause	Les fillettes jouent ensemble à la pause. 여자아이들이 쉬는 시간에 함께 어울려 논다.	f. 쉬는 시간
☐ récréation	Qu'est-ce que tu aimes faire pendant la récréation ? 너는 놀이 시간에 무엇을 하길 좋아하니?	f. 놀이 시간
☐ classe	Il n'est pas dans la même classe que moi. 그는 나와 같은 반이 아니다.	f. 반, 학급
☐ camarade	Je respecte mes camarades de classe. 나는 반 친구들을 존중한다.	반 친구, 급우
☐ chef d'établissement	L'équipe de direction d'un lycée est constituée du chef d'établissement, du chef d'établissement adjoint et d'un adjoint gestionnaire. 고등학교의 지도부는 교장과 교감, 교무주임으로 구성된다. 유의어 m. proviseur (고등학교) 교장	m. 교장
☐ tuteur/tutrice	Le tuteur aide les élèves qui ont des difficultés en classe. 지도 교사는 학급 내에서 어려움을 지닌 학생들을 도와준다.	지도 교사
☐ manuel scolaire	Quels sont les avantages du manuel scolaire numérique ? 전자 교과서의 장점은 무엇인가?	m. 교과서

☐ apprentissage électronique	L'apprentissage électronique **permet de** consulter des documents éducatifs de qualité n'importe où et n'importe quand. 전자 학습은 언제 어디서나 양질의 교육 자료를 찾아 볼 수 있게 해 준다.	m. 전자 학습, 이러닝
☐ devoirs	Lorsque son fils revient de l'école, Benoît l'aide à faire ses devoirs. 아들이 학교에서 돌아오면, 브누아는 아들이 숙제를 하는 것을 돕는다.	m.pl. 숙제
☐ exercices	Les élèves doivent résoudre des exercices mathématiques. 학생들은 수학 연습 문제를 풀어야 한다.	m.pl. 연습 문제
☐ solution	Trouver les solutions des équations suivantes. 다음 방정식들의 해법을 구하라. 유의어 f. réponse	f. 해답, 해법
☐ sens	Le sens de ce texte n'est pas clair pour le lecteur. 이 지문의 의미가 독자에게 명확하지 않다. 유의어 f. signification 참고 방향, 감각	m. 의미
☐ examen	Après le cours, les participants vont passer un examen pour évaluer leurs connaissances. 수업 후, 참가자들은 그들의 지식을 평가하기 위한 시험을 볼 것이다. 유의어 m. concours m. test 참고 f. épreuve orale 구두 시험 f. épreuve écrite 필기 시험 f. antisèche 커닝페이퍼	m. 시험

146

réussir l'examen	Pour obtenir un permis de conduire, vous devez réussir l'examen. 운전 면허증을 취득하려면 시험에 합격해야 한다. **반의어** échouer à un examen	시험에 합격하다
redoubler	Il doit redoubler son année, parce qu'il a échoué à l'examen. 시험에 떨어졌기 때문에 그는 한 해를 유급해야 한다.	유급하다, 낙제하다
entrer	J'ai hâte de passer mon baccalauréat et d'entrer à l'université. 나는 얼른 대학입학시험을 치른 후 대학에 입학하기를 바라고 있다. **참고** f. demande d'admission 입학 원서	입학하다
terminer ses études	Il a terminé ses études universitaires en 2004 et a obtenu le brevet d'avocat en 2006. 그는 2004년에 대학을 졸업한 후 2006년에 변호사 자격증을 취득했다. **유의어** finir ses études	졸업하다
être renvoyé(e) de l'école	À 14 ans, il a été renvoyé de l'école pour absences répétées. 14세에 그는 잦은 결석으로 퇴학당했다. **참고** être renvoyé de l'école pour un mois 1개월간 정학 처분을 받다	퇴학당하다
règle	Voici les règles de l'école pour mieux vivre ensemble. 다음은 다 같이 더 잘 지내기 위한 학교의 규칙들이다. **참고** 자, 척도	f. 규칙
cours particuliers	Les parents financent à grands frais des cours particuliers pour leurs enfants. 부모들은 자녀들의 과외 수업에 많은 비용을 부담한다.	m.pl. 과외 수업, 개인 교습

enseigner	Pour enseigner dans les écoles primaires, il faut passer le concours de professeur des écoles.	가르치다, 강의하다
	초등학교에서 가르치기 위해서는, 초등학교 교사 시험을 치러야 한다.	
	유의어 donner des cours	

| étudier | J'ai étudié la biologie à l'université. | 공부하다 |
| | 나는 대학에서 생물학을 공부했다. | |

apprendre	J'ai appris une nouvelle langue en six mois.	배우다, 가르치다
	나는 새로운 언어를 여섯 달 만에 배웠다.	
	J'apprends aux adultes analphabètes à lire et à écrire.	
	나는 문맹인 성인들에게 읽고 쓰는 법을 가르친다.	

| apprendre par cœur | J'ai essayé d'apprendre par cœur un poème de six lignes. | 외우다 |
| | 나는 육행시를 외워 보려고 했다. | |

| emploi du temps | Ce logiciel gratuit permet de créer et de gérer l'emploi du temps scolaire. | m. 시간표, 일과, 일정 |
| | 이 무료 소프트웨어는 학교 시간표를 짜고 관리하게 해 준다. | |

activité scolaire	Tous les élèves peuvent profiter de diverses activités scolaires dans notre lycée.	f. 학교 활동
	우리 고등학교에서는 전교생이 다양한 학교 활동을 즐길 수 있습니다.	
	참고 f. activité extra-scolaire 특별 활동	
	f. activité périscolaire 과외 활동	

148

☐ vie scolaire	Chaque élève doit être intégré en tant que membre à part entière dans la vie scolaire. 각각의 학생은 온전한 자격을 지닌 구성원으로서 학교 생활에 통합되어야 한다.	f. 학교 생활
☐ internat	Ce lycée propose un internat pour les élèves venus d'autres régions. 이 학교에서는 타 지역 출신의 학생들에게 기숙사를 제공한다. **참고** interne, pensionnaire 기숙사생	m. 기숙 (제도)
☐ être présent(e) en classe	Tout le monde est présent en classe, sauf Daniel. 다니엘을 제외한 모두가 수업에 출석해 있다.	수업에 출석하다
☐ se présenter	Bonjour à tous. Je me présente, je m'appelle Evan. 안녕하세요. 제 소개를 하겠습니다. 제 이름은 에반입니다.	자기소개하다
☐ être en retard	L'étudiant avait une bonne raison d'être en retard. 학생은 늦은 데에 합당한 이유가 있었다.	지각하다
☐ comprendre	Tout le monde a compris l'explication claire du professeur. 모두가 교수의 명확한 설명을 이해했다.	이해하다
☐ discuter	Je veux rencontrer le professeur de mon fils pour discuter de ses difficultés. 나는 아이 선생님을 만나서 아이가 힘들어하는 부분에 대해 의논하고 싶다. **참고** m. débat 토론	토론하다, 논의하다

☐ lever la main	Si vous avez une question, levez la main. 질문이 있으면 손을 드세요.	한 손을 들다
☐ ouvrir (une page, un livre)	Veuillez ouvrir votre livre à la page 4. 책 4페이지를 펴세요.	(페이지를, 책을) 펴다
☐ expliquer	Le professeur a expliqué un texte difficile. 선생님이 어려운 텍스트를 설명해 줬다.	설명하다
☐ prendre des notes	Certains étudiants n'aiment pas prendre des notes pendant les cours. 어떤 학생들은 수업 동안 필기하는 것을 좋아하지 않는다. 참고 noter 적다, 메모하다, 점수를 매기다	필기하다, 기록하다
☐ note	Les enfants ont obtenu une très bonne note à l'évaluation. 아이들은 평가에서 굉장히 좋은 점수를 얻었다. 참고 obtenir une bonne note 좋은 점수를 받다 obtenir une mauvaise note 안 좋은 점수를 받다	f. 점수
☐ bulletin (de notes)	Doit-on récompenser les élèves pour avoir eu un bon bulletin de notes ? 좋은 성적표를 받은 학생에게 상을 주어야 할까?	m. 성적표

punir	Didier a été puni pour avoir manqué un cours.	벌주다, 혼내다
	디디에는 학교 수업을 빼먹어서 벌을 받았다.	
	참고 f. punition 벌, 징계 sécher un cours 땡땡이 치다(속어) exclure un élève de cours 학생을 수업에서 쫓아내다	
bien se conduire	Les enfants apprennent à bien se conduire en pratiquant un sport.	바르게 처신하다
	아이들은 스포츠를 하며 바르게 처신하는 법을 배운다.	
distribuer des documents	Le professeur a distribué des documents aux élèves.	프린트물을 나눠 주다
	선생님이 학생들에게 프린트물을 나눠 주었다.	
écrire en majuscules	Vous pouvez écrire en majuscules pour souligner l'importance d'un mot ou d'une phrase.	대문자로 쓰다
	어느 단어나 문장의 중요성을 보여 주기 위해 대문자로 쓸 수도 있습니다.	
	반의어 écrire en minuscules 소문자로 쓰다	
dictée	Je n'ai eu que 10 sur 20 en dictée.	f. 받아쓰기
	나는 받아쓰기 시험에서 20점 만점에 10점밖에 받지 못했다.	
faire l'appel	Le professeur fait l'appel pour vérifier la présence de ses élèves au début de chaque cours.	출석을 부르다
	교사는 수업이 시작할 때마다 출석을 불러서 학생들의 참석 여부를 확인한다.	

☐ faire un exposé	Pour faire un exposé mémorable, il faut se concentrer sur quelques idées importantes seulement. 기억에 남는 발표를 하려면, 몇 가지 주요 아이디어에만 집중해야 한다.	발표하다
☐ interroger un élève	Le professeur a interrogé ses élèves sur la leçon précédente en début de séance. 수업이 시작할 때 교사는 학생들에게 지난 수업에 관해 질문했다.	학생에게 질문하다
☐ lire les consignes	Lors de l'examen, il est important de lire les consignes avec une attention toute particulière. 시험을 볼 때는 지시 사항을 굉장히 유의해서 읽는 것이 중요하다.	지시 사항을 읽다

참 고 단 어

☐ délégué(e) de classe 학급위원

☐ conseil de classe m. 학급회의

☐ représentant(e) des élèves 학생회 임원, 학생대표

☐ réunion parents-professeurs f. 학부모 총회

☐ dyslexique 난독증 환자

☐ matière	Ma matière préférée est le français; celle que j'aime le moins est la chimie. 내가 선호하는 과목은 프랑스어이고, 제일 싫어하는 과목은 화학이다. 유의어 f. discipline	f. 과목
☐ langue	J'ai un ami qui sait parler cinq langues. 나는 5개 국어를 할 줄 아는 친구가 있다. 참고 f. parole 말, (노래) 가사	f. 언어
☐ vocabulaire	Élisée utilise un vocabulaire soutenu. 엘리제는 고급스러운 어휘를 구사한다. 유의어 m. glossaire m. lexique	m. 어휘
☐ dictionnaire	Chaque fois qu'il veut trouver la signification d'un nouveau mot, il consulte le dictionnaire. 새로운 단어의 의미를 찾고 싶을 때마다 그는 사전을 찾아본다.	m. 사전
☐ lettre	Il a écrit le mot « DANGER » en lettres rouges. 그는 'DANGER'란 단어를 빨간 글자로 적었다.	f. 글자
☐ pays	Il y a 53 pays dans le Commonwealth. 영연방에는 53개 국가가 존재한다. 유의어 f. nation	m. 국가, 나라
☐ international(e)	L'espéranto est une langue internationale qui est utilisée par des personnes provenant d'au moins 120 pays. 에스페란토어는 최소 120개국의 사람들에 의해 사용되는 국제적인 언어다. 유의어 mondial(e)	국제적인

☐ occidental(e)	L'Église catholique a contribué à poser les fondements de la civilisation occidentale. 가톨릭 교회는 서양 문명의 기틀을 세우는 데 일조했다. 반의어 oriental(e)	서쪽의, 서양의, 서구의
☐ alphabet	Cette section est destinée à ceux qui apprennent l'alphabet pour la première fois. 이 파트는 알파벳을 처음 배우는 사람들을 위한 것이다.	m. 알파벳
☐ prononcer	Le français est l'une des langues les plus difficiles à prononcer pour un étranger. 프랑스어는 외국인이 발음하기 가장 어려워하는 언어 중 하나다. 참고 f. prononciation 발음	발음하다
☐ grammaire	Cet écrivain utilise une grammaire impeccable. 이 작가는 흠잡을 데 없는 문법을 구사한다.	f. 문법
☐ langue étrangère	L'apprentissage d'une langue étrangère devrait débuter dès le plus jeune âge. 외국어 학습은 아주 어린 나이부터 시작해야 한다.	f. 외국어
☐ français	Ma sœur enseigne le français à l'école. 내 여동생은 학교에서 프랑스어를 가르친다.	m. 프랑스어
☐ coréen	Avec les échanges linguistiques, vous apprenez le « vrai » coréen utilisé par les natifs de cette langue. 언어 교환을 통해, 당신은 이 언어의 모국어 사용자가 쓰는 '진짜' 한국어를 배우게 된다.	m. 한국어

anglais	Comment l'anglais est-il devenu la langue la plus parlée au monde ? 어떻게 영어는 전 세계에서 가장 많이 사용되는 언어가 되었나?	m. 영어
éducation physique et sportive (EPS)	La plupart des élèves détestent l'éducation physique et sportive. 대부분 학생은 체육을 싫어한다.	f. 체육
mathématiques	Nous avons suivi des cours de mathématiques à un niveau avancé. 우리는 고급반 수학 수업을 수강했다. 참고 f. arithmétique 산수 약어 maths	f.pl. 수학
sciences	Les sciences comprennent notamment la biologie, l'écologie, la chimie, la physique et l'astronomie. 과학에는 특히 생물학, 생태학, 화학, 물리학, 천문학이 포함된다. 참고 f. science pure 순수과학 f. science fondamentale 기초과학 f. science appliquée 응용과학	f.pl. 과학
dissertation (de textes)	L'un des plus célèbres sujet de dissertation philosophique est « la culture numérique ». 가장 인기 있는 철학 논술의 주제 중 하나는 '디지털 문화'다.	f. 논술

□ sciences sociales	Les sciences sociales désignent l'ensemble des disciplines ayant pour objet l'étude de la société.	f.pl. 사회과학
	사회과학은 사회의 연구를 목표로 하는 학문 전체를 지칭한다.	
	참고 f.pl. sciences humaines 인문과학	

□ loisir	Tout le monde a besoin de moments de loisir pour se détendre.	m. 여가, 취미
	모든 사람들은 휴식을 위한 여가 시간이 필요하다.	
	유의어 m.pl. passe-temps	

| □ activité | Notre étude montre que le cyclisme est une activité saine. | f. 활동 |
| | 우리 연구는 사이클이 건강에 좋은 활동임을 증명한다. | |

| □ ennuyeux/ ennuyeuse | Luc a trouvé ce jeu très ennuyeux. | 지루한 |
| | 뤽은 이 놀이가 아주 지루하다고 생각했다. | |

| □ tricoter | Ma grand-mère m'a tricoté une écharpe. | 뜨개질하다 |
| | 우리 할머니가 나에게 목도리를 뜨개질해 주셨다. | |

□ se promener	Dimanche, nous irons nous promener à la campagne.	산책하다
	일요일에 우리는 시골로 산책하러 갈 것이다.	
	유의어 se balader	

□ sortir en boîte	Olivier aime parfois sortir en boîte.	클럽에 가다
	올리비에는 종종 클럽에 가는 것을 좋아한다.	
	유의어 aller danser / aller en discothèque	

□ fête	Nous préparons une fête pour l'anniversaire de notre fille.	f. 파티, 명절, 축제일
	우리는 우리 딸아이의 생일 파티를 준비한다.	
	Demain, c'est la fête nationale de mon pays.	
	내일은 우리나라의 국경일이다.	
□ pêche	La pêche sur glace est un loisir saisonnier.	f. 낚시
	얼음 낚시는 계절성 여가 활동이다.	
□ sport	Il y a un terrain de sport derrière l'école.	m. 스포츠, 운동
	학교 뒤에는 운동장이 있다.	
□ faire du sport	Faire du sport réduit les risques d'obésité.	운동하다
	운동하는 것은 비만의 위험을 줄여 준다.	
	유의어 faire de l'exercice (physique)	
□ sportif	Le sportif est assez satisfait de sa performance.	운동을 좋아하는, 스포츠맨
	운동선수가 자신의 성적에 아주 만족해한다.	
□ tennis	Je me suis blessé à l'épaule en jouant au tennis.	m. 테니스
	나는 테니스를 치면서 어깨를 다쳤다.	
□ compétition	Lambert participe à la compétition de judo de l'école.	f. 경쟁, 시합
	랑베르는 학교 유도 시합에 참가한다.	
□ gagner	Chaque participant espère gagner la compétition.	이기다
	모든 참가자들은 시합에서 승리하기를 원한다.	
	반의어 perdre	

□ vainqueur	Le vainqueur du jeu recevra un trophée. 경기의 승리자는 트로피를 받을 것이다. 유의어 gagnant(e) 반의어 perdant(e)	m. 승리자
□ record	Les athlètes ont établi un nouveau record aux Jeux Olympiques. 육상선수들이 올림픽에서 신기록을 세웠다.	m. 기록
□ équipe	Notre équipe doit marquer un but pour gagner. 우리 팀이 이기기 위해서는 골을 넣어야만 한다.	f. 팀
□ pêcher	Pour mon temps libre, j'aime pêcher en mer. 여유 시간에 나는 바다낚시하는 것을 좋아한다.	낚시를 하다
□ lire des livres	J'ai toujours aimé lire des livres. 나는 책 읽기를 언제나 좋아했다. 참고 f. lecture 독서	독서하다
□ voir un film	Aller voir un film est une bonne manière de se relaxer. 영화를 보러 가는 것은 휴식을 취하는 좋은 방법이다.	영화를 보다
□ randonnée	Pour moi, c'est un grand plaisir de faire de la randonnée. 나는 산에서 하이킹을 하는 것을 매우 좋아한다. 유의어 f. excursion	f. 하이킹
□ ski	En hiver, je vais faire du ski chaque semaine. 겨울에는 나는 매주 스키를 타러 간다.	m. 스키
□ natation	Les cours de natation regroupent habituellement environ dix personnes. 수영 강습은 일반적으로 열 명가량으로 편성된다.	f. 수영

piscine	La piscine extérieure est fermée pendant l'hiver.	f. 수영장
	실외 수영장은 동절기에 폐쇄한다.	

centre de remise en forme	Pour les amateurs de sports, l'hôtel propose un court de tennis et un centre de remise en forme.	m. 헬스장
	스포츠를 좋아하는 사람들을 위해, 호텔에서는 테니스 코트와 헬스장을 제공한다.	
	유의어 m. centre de fitness m. centre de gym	

faire de l'équitation	Il est possible de faire de l'équitation sur du gazon naturel.	승마를 하다
	천연 잔디 위에서 승마를 하는 것도 가능하다.	
	유의어 monter à cheval	

groupe de musique	Généralement, pour constituer un groupe de musique, vous avez besoin d'au moins un guitariste, un bassiste, un pianiste / claviériste et d'un batteur.	m. 밴드
	일반적으로, 밴드를 결성하려면 최소한 기타리스트 한 명, 베이시스트 한 명, 피아니스트나 키보디스트 한 명, 드러머 한 명이 필요하다.	
	참고 former un groupe de musique 밴드를 결성하다	

être fan de	Je suis fan à la fois de Metallica et d'Iron Maiden.	~의 팬이다
	나는 메탈리카와 아이언 메이든의 팬이다.	
	참고 un(e) fan 남녀 동형	

collection	Il possède une grande collection de timbres.	f. 수집, 컬렉션
	그는 어마어마한 우표 컬렉션을 보유하고 있다.	

☐ fournitures scolaires

Alice a acheté les fournitures scolaires pour sa petite sœur.

알리스는 여동생을 위해 학용품을 샀다.

f.pl. 학용품

☐ cahier

Les élèves écrivent le texte que dicte leur professeur dans leur cahier.

학생들은 선생님이 구술하는 글을 공책에 (받아) 쓴다.

m. 공책

☐ crayon

L'enfant qui apprend à écrire commence d'abord par apprendre à tenir son crayon.

아이가 글쓰기를 배울 때는 늘 연필 잡는 법부터 배우기 시작한다.

m. 연필

☐ stylo

Il m'a donné un stylo de luxe comme cadeau d'anniversaire.

그는 내게 생일 선물로 고급 펜을 주었다.

참고　m. stylo à bille 볼펜
　　　m. stylo à plume 만년필
　　　m. marqueur 마커펜

m. 펜

☐ bâton de colle

Les jeunes enfants peuvent se servir d'un bâton de colle non toxique.

어린이들은 무독성 딱풀을 사용할 수 있다.

m. 딱풀

☐ tableau

Le professeur s'est mis à effacer le tableau dès que son cours s'est terminé.

선생님은 수업이 끝난 즉시 칠판을 지우기 시작했다.

m. 칠판

☐ blanco

Il ne faut pas utiliser de blanco sur la feuille de test, car c'est une machine qui va lire automatiquement les réponses.

기계로 답안을 읽기 때문에, 수정펜을 시험지 위에 사용해서는 안 된다.

m. 수정펜

☐ casier

Chaque lycéen a un casier individuel.

고등학생들은 각자 개인 사물함을 갖고 있다.

m. 사물함

☐ classeur	J'ai acheté un classeur en carton rigide. 나는 빳빳한 마분지로 된 바인더를 구입했다. **참고** f. porte-vues 클리어파일	m. 바인더, 파일
☐ ciseaux	Essaie de couper le papier avec ces ciseaux. 이 가위로 종이를 잘라 보시오.	m.pl. 가위
☐ ruban adhésif	J'ai utilisé du ruban adhésif pour fermer la boîte. 나는 테이프를 사용해 상자를 봉했다.	m. 테이프
☐ surligneur	J'ai marqué au surligneur la phrase que je préfère. 나는 내가 좋아하는 문장에 형광펜으로 표시했다.	m. 형광펜
☐ ordinateur	À prix équivalent, un ordinateur de bureau sera toujours plus performant qu'un ordinateur portable. 같은 가격이라면, 데스크톱 컴퓨터가 언제나 노트북 컴퓨터보다 성능이 뛰어나다.	m. 컴퓨터
☐ tablette	Mon fils utilise sa tablette pour jouer en ligne avec ses amis. 내 아들은 태블릿 PC를 이용하여 친구들과 온라인 게임을 한다.	f. 태블릿 PC
☐ clé USB	J'ai copié les fichiers sur ma clé USB. 나는 내 USB 메모리에 파일들을 복사했다.	f. USB 메모리
☐ écran de projection	Il faut choisir un écran de projection en fonction du vidéo-projecteur. 프로젝터의 종류에 따라 스크린을 선택해야 한다.	m. 프로젝터 스크린

☐ salle de classe	Le professeur a affirmé son autorité dans la salle de classe. 선생님은 교실에서 자신의 권위를 드러내 보였다. **유의어** f. salle de cours 강의실	f. 교실
☐ salle de conférence	La salle de conférence est équipée d'une tribune d'une capacité totale de 110 places. 강당은 총 110명을 수용 가능한 관람석을 갖추고 있다. **참고** f. tribune 연단, 논단, 관중석, 특별석	f. 강당
☐ gymnase	Les enfants jouaient au basket-ball dans le gymnase. 어린이들이 체육관에서 농구를 했다.	m. 체육관
☐ centre de documentation et d'information (CDI)	Le professeur documentaliste est responsable du centre de documentation et d'information. 사서 교사는 학교 도서관의 책임자다. **참고** professeur documentaliste 사서 교사	m. (중고등학교의) 학교 도서관
☐ infirmerie	L'infirmerie scolaire est ouverte du lundi au vendredi de 8h00 à 18h00. 학교 양호실은 월요일부터 금요일까지 오전 8시부터 오후 6시까지 개방한다. **참고** infirmier/infirmière scolaire 양호 교사	f. 양호실
☐ salle des professeurs	La salle des professeurs est un lieu où ces derniers s'échangent des informations sur leurs élèves. 교무실은 학생들에 관한 정보 교환의 장소이다.	f. 교무실

☐ laboratoire	Voici quelques expériences scientifiques que vous pourrez mener facilement au laboratoire. 다음은 여러분이 실험실에서 쉽게 해 볼 수 있는 몇몇 과학 실험들입니다.	m. 실험실
☐ salle informatique	Tous les élèves peuvent utiliser une salle informatique avec accès à Internet. 모든 학생은 인터넷 접속이 되는 컴퓨터실을 사용할 수 있다.	f. 컴퓨터실
☐ salle multimédia	La salle multimédia est équipée d'une vingtaine d'ordinateurs, d'une console de jeux vidéo et d'une télévision. 멀티미디어실은 컴퓨터 이십 여대와 비디오 게임기 한 대, 텔레비전 한 대를 구비하고 있다.	f. 멀티미디 어실
☐ salle audiovisuelle	Plusieurs milliers de DVD peuvent être empruntés ou consultés sur place dans la salle audiovisuelle. 시청각실에서는 수천 개의 DVD를 대여하거나 즉석에서 열람할 수 있다.	f. 시청각실
☐ salle d'étude	Il est allé dans une salle d'étude pour faire ses devoirs. 그는 숙제를 하러 자습실에 갔다.	f. 자습실
☐ salle de musique	La salle de musique est accessible aux élèves en dehors des heures de cours. 음악실은 수업 시간 외에는 학생들이 사용 가능하다.	f. 음악실
☐ dortoir	En général, les dortoirs des filles et des garçons sont séparés. 일반적으로, 남녀 기숙사 건물은 구분돼 있다. 유의어 f. pension 참고 m. réfectoire 기숙사 식당	m. 기숙사 건물

cantine	Tous les lycéens doivent manger à la cantine. 모든 고등학생은 교내 식당에서 식사해야 한다.	f. 교내 식당
foyer	Le foyer est un bel espace pour se détendre en jouant au baby foot. 휴게실은 미니 축구 놀이를 하며 휴식할 수 있는 근사한 공간이다. 유의어 f. salle de détente	m. 휴게실
campus	Tous les cours ont lieu sur le campus de l'université. 모든 강의는 대학 캠퍼스에서 이뤄진다.	m. 캠퍼스

☐ punaise f. 압정

☐ agrafeuse f. 스테이플러

☐ écran tactile m. 터치스크린

4 대학 생활

Track 19

☐ faculté	Cette université rassemble 10 000 étudiants environ dans ses cinq facultés. 이 대학교에는 다섯 개 단과 대학에 약 만 명의 학생이 소속되어 있다.	f. 단과 대학
☐ département	La faculté des sciences et technologies compte onze départements. 과학기술 단과 대학은 11개의 학부를 포함한다.	m. 학부
☐ bibliothèque universitaire	J'emprunte souvent des livres à la bibliothèque universitaire. 나는 종종 대학 도서관에서 책을 여러 권 빌린다. **약어** f. B.U	f. 대학 도서관
☐ restaurant universitaire	Les restaurants universitaires sont ouverts à tous les étudiants inscrits à l'université. 대학교 학생 식당은 대학에 등록한 모든 학생에게 개방돼 있다. **약어** m. resto U	m. (대학의) 학생 식당
☐ année d'études	Une année d'études comprend une série de cours dont certains sont obligatoires et d'autres optionnels. 한 학년은 필수 수업과 선택 수업을 비롯한 일련의 수업을 포함한다.	f. 학년
☐ baccalauréat	Que faire après un échec au baccalauréat ? 대학입학자격시험에 낙방한 후에는 무엇을 할까?	m. 대학입학 자격(시험)
☐ bourse (scolaire)	Beaucoup d'étudiants cherchent à obtenir des bourses. 많은 학생이 장학금을 타려고 한다. **참고** f. bourse d'excellence 우수 장학금 f. bourse d'études 성적 장학금	f. 장학금

□ carte d'étudiant	La carte d'étudiant est exigée pour l'emprunt de livres à la bibliothèque universitaire et pour divers autres services. 학생증은 대학 도서관의 도서 대출 및 다양한 서비스를 이용할 때 필요하다.	f. 학생증
□ cours	Il suit vingt heures de cours par semaine. 그는 주당 20시간의 수업을 듣는다. 유의어 f. leçon 참고 f. fin de cours 종강 f. reprise de cours 개강	m. 강의, 수업
□ crédit	Les cours universitaires comportent habituellement trois crédits et durent un semestre. 대학 강의는 통상 3학점이며, 한 학기 동안 진행된다. 참고 m. crédits retenus 이수 학점 m. crédits transférés 교환 학점(인정)	m. 학점 (단위)
□ cursus (universitaire)	Il a suivi un cursus universitaire en Suisse et a obtenu l'année dernière un doctorat. 그는 스위스에서 대학교 학과 과정을 마치고 작년에 박사 학위를 받았다.	m. 대학교 학과 (이수) 과정
□ recteur	Le recteur est le premier dirigeant de l'université. 총장은 대학의 최고 지도자다.	총장
□ chargé de cours	Les chargés de cours sont des enseignants qui ne font pas partie du personnel permanent de l'établissement. 강사는 대학의 전임직원에 포함되지 않는 교수들이다.	강사
□ semestre	À la fin de ce semestre, je dois passer beaucoup d'examens. 이번 학기 말에 나는 많은 시험을 봐야 한다.	m. 학기

valider un semestre	Vous pouvez valider votre semestre même en ayant quelques notes en dessous de la moyenne.	학기를 무사히 이수하다
	여러분은 평균 이하 점수를 가지고서도 학기를 무사히 이수할 수 있다.	
interrompre ses études	Éric a interrompu ses études pendant un semestre pour des raisons personnelles.	휴학하다
	에릭은 개인적인 사유로 한 학기를 휴학했다.	
diplôme	J'ai obtenu un diplôme à l'issue de ma formation.	m. 학위
	나는 교육을 마친 후 학위를 취득했다.	
diplômé(e)	Il y a beaucoup de jeunes diplômés à la recherche d'un premier emploi.	대학 졸업자
	첫 직장을 구하는 청년 대졸자들이 많다.	
séjour linguistique	Je vais faire un court séjour linguistique à Londres pour améliorer mon niveau d'anglais.	m. 어학 연수
	나는 영어 수준을 향상시키기 위해 런던에서 단기 어학 연수를 할 것이다.	
	유의어 m. stage linguistique	
échange scolaire	Émile a fait un échange scolaire d'un an aux États-Unis.	m. 교환 학생 프로 그램
	에밀은 미국에서 1년간 교환학생으로 있었다.	
universitaire	Le gouvernement finance la recherche universitaire.	대학의, 대학에 관련된
	정부는 대학 연구를 재정 지원한다.	
	참고 '대학 교수'의 의미도 있음.	

| □ inscription | Assurez-vous de vérifier la date limite d'inscription. | f. 등록 |
| | 등록 마감일을 제대로 확인하세요. | |

□ droits d'inscription	Les étudiants ont manifesté pour dénoncer la hausse des droits d'inscription à l'université.	m.pl. 등록금
	대학생들은 대학 등록금 인상을 비난하기 위해 시위를 했다.	
	유의어 m.pl. frais de scolarité	

| □ petit boulot | Grégorie cherche un petit boulot pendant les vacances d'été pour financer ses études. | m. 아르바이트 |
| | 그레고리는 학비를 대기 위해 여름방학 동안의 아르바이트 자리를 찾는다. | |

□ convocation (à un examen)	La convocation est expédiée à votre domicile quatre semaines avant le début des épreuves.	f. (수험) 통지서
	수험 통지서는 해당 시험 4주 전에 주소지로 발송됩니다.	
	참고 시험 전 우편으로 송부되는 통지서. 수험 과목별 시행 장소 및 일시, 수험 번호, 유의 사항 등에 관한 정보가 기록되어 있으며, 시험 당일 신분증과 함께 제시해야 함.	

□ licence	J'étudie en vue d'obtenir une licence en philosophie.	f. 학사 (학위)
	나는 철학 학사 학위를 취득할 목적으로 공부한다.	
	참고 f. double licence 이중(복수) 전공	

□ master	Ce jeune diplômé détient un master en sciences.	m. 석사 (과정)
	이 청년 대졸자는 이학 석사 학위를 보유하고 있다.	
	유의어 f. maîtrise	

☐ doctorat	Il a été le premier Coréen à obtenir un doctorat en droit à cette université. 그는 이 대학에서 법학박사 학위를 취득한 최초의 한국인이었다.	m. 박사 (과정)
☐ thèse	Elle écrit une thèse pour obtenir un doctorat en chimie. 그녀는 화학 박사 학위를 취득하기 위해 논문을 집필한다. 유의어 m. mémoire (석사나 학사) 논문 　　　 f. soutenance de thèse 논문 심사	f. (박사) 논문
☐ recherche	À l'université, les professeurs ne se contentent pas d'enseigner, ils mènent aussi des recherches. 대학에서 교수들은 강의만 하는 것이 아니라 연구도 진행한다.	f. 연구, 조사
☐ exigences d'admission	Avant de présenter une demande d'admission, vous devez satisfaire à l'ensemble des exigences d'admission. 입학 신청서를 내기 앞서, 여러분은 입학 요건 전체를 충족시켜야 한다.	f.pl. 입학 요건
☐ liste des admis	Cliquez sur le lien ci-dessous pour afficher la liste des admis à l'épreuve orale. 구두 시험 합격자 명단을 확인하려면 아래의 링크를 클릭하시오.	f. 합격자 명단
☐ validation	Les titres de maîtrise pourront être délivrés après validation des 60 crédits du Master. 석사 학위는 석사 과정의 60학점을 인정받은 후에 발급된다.	f. (학점) 인정

☐ formation continue

Vous pouvez reprendre ou poursuivre des études dans le cadre de la formation continue.

f. 평생 교육

당신은 평생 교육의 틀 안에서 공부를 다시 시작하거나 계속 이어나갈 수 있다.

참 고 단 어

☐ annuaire m. 강의 요강, 강의 계획서

☐ seuil d'admissibilité m. (입시) 커트라인

☐ autorités universitaires f.pl. 대학당국

☐ assemblée générale des étudiants f. 총학생회

☐ doyen 학장

☐ professeur titulaire 정교수

☐ maître de conférences 부교수, 조교수

☐ diriger une thèse 논문을 지도하다

☐ université du troisième âge f. 노인 대학

☐ université numérique f. 사이버 대학교

1 프랑스 학제

université
(일반대학)

의무교육 기간	연령(만)	학교	단계		
	25	doctorat (박사)	grandes écoles (그랑제꼴)		
	24				
	23				
	22	master (석사)	3	formations courtes (단기양성과정)	
	21		2		
	20	licence (학사)	1		
	19		prépa 2 (입시준비반2)	D.U.T (기술전문대학) /	
	18		prépa 1 (입시준비반1)	B. T. S (전문기술자격)	

baccalauréat(대학입학자격시험)

의무교육 기간	연령(만)	학교	단계
■	17	lycée(고등학교)	terminale(졸업반)
■	16		1e
■	15		2e
■	14	collège(중학교)	3e
■	13		4e
■	12		5e
■	11		6e
■	10	école primaire (초등학교)	CM2
■	9		CM1
■	8		CE2
■	7		CE1
■	6		CP
	5	école maternelle (유치원)	GS
	4		MS
	3		PS
	2		TPS
의무교육 기간	연령(만)	학교	단계

2 국가와 언어

Allemagne/Allemand(e)
f. 독일/독일인 또는 독일어

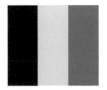

Belgique/Belge
f. 벨기에/벨기에인

Espagne/Espagnol(e)
f. 스페인/스페인인 또는 스페인어

France/Français(e)
f. 프랑스/프랑스인 또는 프랑스어

Pays-Bas/Hollandais(e)
m.pl. 네덜란드/네덜란드인 또는 네덜란드어

Grande-Bretagne/Anglais(e)
f. 영국/영국인 또는 영어

Brésil/Brésilien(ne)
m. 브라질/브라질인

Canada/Canadien(ne)
m. 캐나다/캐나다인

Sénégal/Sénégalais(e)
m. 세네갈/세네갈인

Maroc/Marocain(e)
m. 모로코/모로코인

Mexique/Mexicain(e)
m. 멕시코/멕시코인

États-Unis/Américain(e)
m.pl. 미국/미국인

Corée/Coréen(ne)
f. 한국/한국인 또는 한국어

Chine/Chinois(e)
f. 중국/중국인 또는 중국어

Japon/Japonais(e)
m. 일본/일본인 또는 일본어

Inde/Indien(ne)
f. 인도/인도인

Australie/Australien(ne)
f. 호주/호주인

※각국의 형용사형에서 언어를 나타낼 경우
는 소문자로, 국민을 나타낼 경우는 대문자
로 표기한다.

※Corée du Sud/sud-coréen(ne) **f.** 남한/남한의,
　Corée du Nord/nord-coréen(ne) **f.** 북한/북한의

3 교육 – 과목

biologie	f. 생물학	pédagogie	f. 교육학
chimie	f. 화학	architecture	f. 건축학
médecine	f. 의학	archéologie	f. 고고학
psychologie	f. 심리학	histoire	f. 역사학
économie	f. 경제학	sciences de gestion	f.pl. 경영학
politologie	f. 정치학	géographie	f. 지리학
linguistique	f. 언어학	philosophie	f. 철학

4 취미 – 스포츠

football	m. 축구	football américain	m. 미식축구
basketball	m. 농구	tennis	m. 테니스
baseball	m. 야구	hockey	m. 하키
golf	m. 골프	tennis de table; ping-pong	m. 탁구
badminton	m. 배드민턴	cyclisme	m. 사이클
natation	f. 수영	course à pied	f. 달리기
équitation	f. 승마	patinage	m. 스케이팅
ski	m. 스키	tir à l'arc	m. 양궁
escrime	f. 펜싱	lutte	f. 레슬링
boxe	f. 복싱	haltérophilie	f. 역도

1 밑줄 친 부분과 비슷한 의미의 단어를 쓰세요.

① Il suit vingt heures de <u>cours</u> par semaine.
그는 주당 20시간의 수업을 듣는다.
(   )

② Trouver les <u>réponses</u> des équations suivantes.
다음 방정식들의 해답을 구하라.
(   )

③ Le <u>sens</u> de ce texte n'est pas clair pour le lecteur.
이 지문의 의미가 독자에게 명확하지 않다.
(   )

2 밑줄 친 의미에 맞게 빈칸에 알맞은 단어를 쓰세요.

① Tous les cours ont lieu sur le (   ) de l'université.
모든 강의는 대학 캠퍼스에서 이뤄진다.

② Chaque fois qu'il veut trouver la signification d'un nouveau mot, il consulte

le (   ).
새로운 단어의 의미를 찾고 싶을 때마다 그는 사전을 찾아본다.

③ Il y a 53 (   ) dans le Commonwealth.
영연방에는 53개 국가가 존재한다.

3 그림에 맞는 단어를 찾아 연결하세요.

①

● a) la lutte

②

● b) le patinage

③

● c) le ski

④

● d) le tennis de table

⑤

● e) la natation

VI

Vie professionnelle et Actualité

직장 및 시사

1 구직

☐ **profession**

Quelle est votre profession ?
당신의 직업은 무엇입니까?

유의어 m. métier

f. 직업, 일, 직무

☐ **emploi**

Il cherche un emploi à l'étranger.
그는 해외에서 일자리를 찾는다.

유의어 m. travail
m. boulot (구어)

m. 일(자리)

☐ **marché du travail**

La nouvelle loi va bouleverser le marché du travail.
새로운 법이 노동 시장에 큰 변화를 일으킬 것이다.

m. 노동 시장

☐ **secteur public**

Au cours des cinq dernières années, la France a créé 200 000 emplois dans le secteur public.
프랑스는 지난 5년간 공공 부문에서 일자리 20만 개를 창출했다.

반의어 m. secteur privé 민간 부문

m. 공공 부문

☐ **recherche d'emploi**

Il vaut mieux mettre en place une stratégie de recherche d'emploi.
구직 전략을 세우는 편이 좋다.

f. 구직

☐ **petites annonces**

Elle a trouvé un emploi par les petites annonces.
그녀는 구인 광고를 보고 일자리를 구했다.

f.pl. 구인 광고

☐ **embauche**

À cause de la crise économique, il n'y a plus d'embauche dans notre entreprise cette année.
경제 위기로 인해 올해 우리 회사에서 더 이상 채용은 없다.

유의어 m. recrutement

f. 채용, 고용

□ curriculum vitae (CV)	Ma sœur m'a expliqué trois erreurs à éviter lors de la rédaction de mon CV. 누나는 이력서를 작성할 때 피해야 할 실수 세 가지를 내게 알려 줬다. **참고** f. lettre de motivation 자기소개서 f. lettre de recommandation 추천서	m. 이력서
□ poste à plein temps	Mon frère souhaite occuper un poste CDI à plein temps. 형은 전일제 정규직이 되고 싶어 한다. **반의어** m. poste à temps partiel 시간제 근무직 m. poste à mi-temps 반일제 근무직 **참고** m. CDI (contrat à durée indéterminée) 정규직 m. CDD (contrat à durée déterminée) 계약직 m. travail journalier 일용직 m. travail temporaire, précaire 임시직 m. travail saisonnier 계절직	m. 전일제 근무직
□ demande d'emploi	Puis-je vous envoyer ma demande d'emploi par courriel ? 입사 지원서를 메일로 보내도 될까요?	f. 입사 지원서
□ entretien d'embauche	Il n'est pas facile de trouver la tenue adéquate pour un entretien d'embauche. 취업 면접에 적당한 복장을 찾는 일은 쉽지 않다.	m. 취업 면접
□ recruteur	Le recruteur n'a pas hésité à me demander ce que je pense de l'entreprise. 면접관이 내게 회사를 어떻게 생각하느냐고 서슴없이 물었다.	m. 면접관

☐ parcours professionnel

J'aimerais construire un parcours professionnel diversifié et riche d'expériences nouvelles.

저는 새로운 경험으로 풍성하고 다채로운 경력을 쌓고 싶습니다.

m. 경력

☐ contrat de travail

Il faut bien lire le contrat de travail avant de le signer.

근로 계약서에 서명하기 전에 꼼꼼히 읽어 봐야 한다.

m. 근로 계약서

Track 21

☐ fonctionnaire	M. Leblanc est un haut fonctionnaire de l'Etat. 르블랑 씨는 국가 고위 공무원이다.	공무원
☐ avocat(e)	Il a fait appel à un avocat pour le représenter légalement. 그는 법적으로 자신을 대리할 변호사에게 도움을 청했다. 참고 여성형은 사람에게만 쓰이고 직책은 남성형으로만 쓰임. m. juge 판사 m. procureur 검사	변호사
☐ maire	C'est Mme Durand qui a été élue maire de la ville. 뒤랑 여사가 시장으로 선출됐다. 참고 M. Le Maire / Mme le Maire: 시장님	m. 시장
☐ policier/ policière	Les policiers ont interrogé les témoins de l'accident. 경찰들이 사고 목격자들에게 질문을 했다.	경찰
☐ sapeur- pompier	Plus de 30 sapeurs-pompiers ont été mobilisés pour éteindre un feu de forêt. 산불을 끄려고 소방관 30명이 동원됐다. 참고 pl. sapeurs-pompiers	m. 소방관
☐ chauffeur	Son frère n'est-il pas chauffeur de taxi ? 그 사람 동생이 택시 운전기사 아닌가?	m. 운전기사
☐ militaire	Le militaire est obligé de mettre son uniforme lorsqu'il est en service. 군인은 업무 중에 군복을 입어야 한다.	군인

☐ coiffeur/ coiffeuse	Il faut que tu ailles chez le coiffeur pour te faire couper les cheveux. 너 머리 좀 자르러 미용실에 가야겠다. 참고 f. coiffeuse 화장대	미용사
☐ ingénieur	Sa femme est ingénieur dans une usine chimique. 그의 부인은 화학 공장에서 근무하는 엔지니어다. 참고 m. technicien 기술자	엔지니어
☐ commerçant(e)	C'est un commerçant d'origine chinoise. 이 사람은 중국 출신 상인이다.	상인
☐ cuisinier/ cuisinière	C'est le meilleur cuisinier de la ville. 이 사람은 도시 최고의 요리사다. 참고 m. chef cuisinier, chef de cuisine 셰프	요리사
☐ boulanger/ boulangère	Le boulanger est un spécialiste de la fabrication du pain et des viennoiseries. 제빵사는 빵과 패스트리 종류를 만드는 전문가다. 참고 pâtissier/pâtissière 파티시에	제빵사
☐ écrivain(e)	Tous les romans de ce jeune écrivain américain ont eu un grand succès. 이 젊은 미국 작가의 소설은 모두 큰 성공을 거두었다.	작가
☐ femme au foyer	Ma mère est femme au foyer. 우리 엄마는 전업주부다.	f. 전업주부

3 기업

□ **entreprise**

Elle a envie de travailler dans une grande entreprise de produits cosmétiques.

그녀는 화장품 대기업에 취직하고 싶어 한다.

참고 PME (petites et moyennes entreprises) 중소기업

f. 기업

□ **société**

Sa mère travaille dans une société commerciale.

그의 어머니는 상사 회사에서 일한다.

참고 SA(société anonyme) 주식회사
SARL(société à responsabilité limitée) 유한책임회사

f. 회사

□ **siège social**

Le siège social de l'ONU (Organisation des Nations Unies) est à New York.

UN(국제연합) 본부는 뉴욕에 있다.

참고 회사 소재지로 등록된 본점

m. 본부, 본점, 본사

□ **maison mère**

La maison mère de DEF veut reprendre entièrement le contrôle sur sa filiale américaine.

DEF 본사는 미국 자회사의 지배권을 완전히 회복하려고 한다.

유의어 f. société mère

f. 모회사, 본사

□ **filiale**

Le groupe ABC compte élargir ses activités en créant de nouvelles filiales.

ABC그룹은 새로운 자회사를 설립해 사업 분야를 확대할 생각이다.

f. 자회사

□ **succursale**

L'année dernière, ABC a créé deux succursales à l'étranger.

지난해 ABC는 해외에 지점 두 곳을 냈다.

참고 m. bureau de liaison 연락 사무소

f. 지점

| □ usine | Dans les usines, les robots réalisent des tâches précises et répétitives. | f. 공장 |
| | 공장에서 로봇은 정확하고 반복적인 일을 수행한다. | |

| □ employeur/ employeuse | L'employeur doit désigner un salarié chargé de la sécurité dans l'entreprise. | 고용주 |
| | 고용주는 회사의 안전을 담당하는 직원을 지명해야 한다. | |

| □ employé(e) | Combien y-a-t-il d'employés dans cette société ? | 직원, 피고용자 |
| | 이 회사에 직원이 몇 명입니까? | |

| □ salarié(e) | Le salarié bénéficie de cinq semaines légales de congés payés. | 근로자, 급여 생활자 |
| | 근로자는 5주의 법정 유급 휴가를 누린다. | |

□ ouvrier/ ouvrière	Ce sont les ouvriers non qualifiés qui sont les plus touchés par la crise économique.	노동자
	경제 위기로 가장 큰 타격을 입는 이들은 비숙련 노동자들이다.	
	참고 ouvrier spécialisé (OS) 단순기능공	

□ grève	Ils sont en grève depuis trois mois pour protester contre leurs conditions de travail.	f. 파업
	그들은 근로 조건에 항의하며 세 달째 파업을 벌이고 있다.	
	참고 faire grève 파업하다 se mettre en grève 파업을 시작하다	

| □ syndicat | Vous pouvez librement adhérer au syndicat de votre choix si vous le souhaitez. | m. 노동 조합 |
| | 원하신다면 당신이 선택한 노동조합에 자유롭게 가입 할 수 있습니다. | |

☐ salaire	Les salaires vont-ils augmenter l'année prochaine ? 내년에 월급이 오를까? 유의어 m. revenu 참고 m. salaire minimum 최저 임금 m. salaire brut 총급여 m. salaire net 실급여 m.pl. honoraires (의사, 변호사, 컨설턴트 등 전문직의) 보수, 수임료 m. traitement (공무원의) 급여	m. 급여
☐ avantages sociaux	Cette société offre un bon régime d'avantages sociaux et attire beaucoup de jeunes diplômés. 그 회사는 복리후생 제도가 좋아서 많은 대졸 청년들의 마음을 사로잡는다. 유의어 m.pl. avantages en nature	m.pl. 복리후생
☐ congé	Si le 1er mai tombe un vendredi, on aura trois jours de congés ! 5월 1일(노동절)이 금요일이면 휴가가 사흘이야! 참고 être en congé maternité 육아 휴직 중이다 m. congé payé 유급 휴가	m. 휴가, 휴직
☐ gagner sa vie	Dès 25 ans, il a gagné sa vie correctement. 그는 25살 때부터 생계를 제대로 꾸려 나가고 있다. 유의어 gagner son pain	생계를 꾸리다
☐ gagner de l'argent	Sa sœur est avocate, elle gagne beaucoup d'argent. 그의 누나는 변호사인데 돈을 많이 번다.	돈을 벌다
☐ dépenser de l'argent	Je n'ai pas envie de dépenser de l'argent pour acheter des choses inutiles. 쓸데없는 것을 사느라 돈을 쓰고 싶지 않다. 참고 f. dépense 지출, 비용	돈을 쓰다

☐ économiser sur qqch	Les entreprises cherchent à économiser sur les impôts pour rester compétitives.	비용을 줄이다
	기업은 경쟁력을 유지하기 위해 조세 비용을 줄이려고 노력한다.	
	참고 vt. économiser qqch 절약하다	
☐ chômage	Vincent cherche du travail, il est au chômage depuis six mois.	m. 실업
	뱅상은 6개월 전부터 실업 상태라 일자리를 찾고 있다.	
	반의어 m. plein emploi 완전고용	
☐ licencier	Cette entreprise a licencié 200 employés pour cause de restructuration.	해고하다
	이 기업은 구조 조정으로 직원 200명을 해고했다.	
	반의어 embaucher, employer 고용하다	
	참고 m. licenciement	
☐ démissionner	Elle démissionne parce qu'elle ne peut plus supporter de travailler dans ces conditions.	사직하다
	그녀는 더 이상 이런 조건에서 일하는 것을 참을 수 없어서 회사를 그만둔다.	
	참고 donner sa démission 사직서를 제출하다	
☐ promotion	En général, une promotion est accompagnée d'une augmentation de salaire.	f. 승진
	일반적으로 승진에는 급여 인상이 동반된다.	
☐ impôts	N'oublie pas que tu as jusqu'à demain pour payer tes impôts !	m.pl. 세금
	내일까지 세금 납부해야 하는 거 잊지 마!	
	참고 f. TVA (taxe sur la valeur ajoutée) 부가가치세 m.pl. droits de douane 관세	

☐ compétence	Il est important d'occuper un poste qui correspond à ses compétences. 자신의 역량에 걸맞은 자리를 맡는 것이 중요하다. 참고 compétent(e) 유능한	f. 능력, 역량
☐ heures supplémentaires	De temps en temps, mon père fait des heures supplémentaires et ramène du travail à la maison. 우리 아버지는 때때로 초과 근무도 하고 집으로 일을 가져오기도 하신다.	f.pl. 초과 근무
☐ passer une nuit blanche	Les syndicats et la direction ont passé une nuit blanche pour négocier cet accord. 노조와 경영진은 이번 합의안을 협상하느라 밤을 새웠다.	철야하다, 밤을 새우다
☐ stage	Vous devez accomplir avec succès un stage d'une durée de trois mois. 인턴 3개월을 성공적으로 마쳐야 합니다.	m. 인턴, 수습
☐ stagiaire	Les stagiaires se voient offrir un poste à l'issue de leur stage. 인턴 기간이 끝나면 인턴 사원들에게 일자리가 제공된다.	m. 인턴 사원
☐ retraite	L'âge légal de départ à la retraite varie considérablement selon les pays. 법정 퇴직 연령은 국가에 따라 크게 차이가 있다. 참고 être à la retraite partir à la retraite prendre sa retraite	f. 퇴직, 은퇴
☐ retraité(e)	Les retraités peuvent avoir l'opportunité de transmettre leur savoir-faire aux jeunes générations. 퇴직자들은 그들의 노하우를 젊은 세대에게 전수할 기회를 가질 수 있다.	퇴직자, 은퇴자

☐ vie professionnelle	Après avoir obtenu un diplôme universitaire, elle a décidé d'entrer dans la vie professionnelle. 그녀는 학위를 받고 바로 사회생활을 시작하기로 결정했다.	f. 사회생활, 직장생활
☐ affaires	Mon père est dans les affaires. 우리 아버지는 사업을 하신다.	f.pl. 사업, 비즈니스
☐ homme d'affaires	Le fondateur de la Croix-Rouge est un homme d'affaires suisse. 적십자 설립자는 스위스 사업가다. 참고 m. entrepreneur 기업가	m. 사업가, 비즈니스맨
☐ patron(ne)	Le syndicat dénonce l'augmentation de 10% du salaire du patron. 노조는 사장의 급여 10% 인상을 비난한다.	주인, 사장
☐ cadre	Il est cadre chez ABC. 그는 ABC의 임원이다.	m. 간부, 임원
☐ gérer	Elle a bien géré son entreprise en temps de crise. 그녀는 위기 국면에서 자신의 회사를 잘 경영했다. 참고 f. gestion 경영	관리하다, 경영하다
☐ diriger	Il dirige ABC depuis 10 ans. 그는 10년 전부터 ABC를 이끌어 왔다.	지도하다, 경영하다
☐ direction (de l'entreprise)	La direction de l'entreprise a décidé de supprimer 20% de postes à Ulsan. 기업 경영진은 울산 내 일자리를 20% 감축하기로 결정했다. 참고 m. conseil d'administration 이사회	f. 경영진

☐ personnel	Est-ce que tout le personnel est en grève ? 모든 직원이 파업 중입니까? 참고 m. effectif d'une entreprise 기업의 직원 총수	m. 직원, 종업원(전체)
☐ collègue (de bureau, de travail)	Je déjeune avec mes collègues de bureau à la cantine. 나는 직장 동료들과 구내식당에서 점심을 먹는다.	m. 동료
☐ exiger	Pour obtenir ce poste, une très bonne capacité à travailler en équipe est exigée. 이 자리에서 일하려면 탁월한 팀워크 능력이 필수입니다. 참고 f. exigence	요구하다
☐ voyage d'affaires	Elle n'est pas là, elle est en voyage d'affaires pour huit jours. 그녀는 자리에 없습니다. 일주일 동안 출장을 갔습니다. 유의어 m. déplacement professionnel 참고 être envoyé(e) en mission 파견되다	m. 출장

참 고 단 어

☐ réduction du temps de travail f. 노동 시간 감축
☐ formation professionnelle f. 직업 교육
☐ période d'essai f. 수습 기간

☐ industrie manufacturière	La part de l'industrie manufacturière dans l'ensemble de l'économie de l'Union européenne a baissé depuis une vingtaine d'années. 20여 년 전부터 유럽연합 경제 전반에서 제조업이 차지하는 비율이 감소했다. 참고 f. industrie lourde 중공업 f. industrie de pointe 첨단산업 m. secteur primaire 1차 산업 m. secteur secondaire 2차 산업 m. secteur tertiaire 3차 산업	f. 제조업
☐ s'implanter	Cette entreprise préfère s'implanter à l'étranger plutôt que d'exporter ses produits. 이 기업은 자사 제품을 수출하기보다 해외로 진출하길 바란다. 참고 f. implantation	진출하다
☐ matières premières	Il faut trouver des solutions pour sécuriser l'approvisionnement en matières premières. 원자재 공급을 안정시킬 방안을 찾아야 한다.	f.pl. 원자재
☐ produit	Tout le monde veut acheter ce produit. 모두가 이 제품을 사고 싶어 한다. 참고 f. marchandise 상품	m. 제품
☐ entrepôt	Les marchandises sont d'abord placées dans ces entrepôts. 상품은 우선 이 창고에 저장된다. 참고 f. distribution 유통 f. logistique 물류	m. 창고

lancer	Même si un produit a déjà connu un succès à l'étranger, il n'est pas facile de le lancer en Corée. 해외에서 이미 성공을 거둔 제품이라도 한국에 출시하는 일은 쉽지 않다.	출시하다
rapport qualité-prix	Cet outil est reconnu pour son excellent rapport qualité-prix. 이 공구는 가격 대비 품질이 뛰어나기로 유명하다.	m. 가격 대비 품질, 가성비
fabricant	Il est fabricant de meubles sur mesure. 그는 맞춤형 가구 제작자다. 참고 fabriquer 동사의 현재분사형 fabriquant과 구분	m. 제작자, 제조사
fournisseur	Vous avez de la bonne marchandise, qui est votre fournisseur ? 상품이 좋군요, 납품업체가 어디인가요? 참고 pays fournisseurs de la Corée du Sud 대한민국으로 수출하는 나라 pays clients de la Corée du Sud 대한민국에서 수입하는 나라	m. 공급자, 납품업자
grossiste	CHAEK est un important grossiste dans le commerce des livres en Corée. CHAEK은 한국의 도서 거래에서 중요한 도매업체다.	도매상, 도매업체
détaillant(e)	Ce vendeur de fruits est un détaillant. 이 과일 장수는 소매상이다.	소매상, 소매업체
stock	Cet article est momentanément épuisé, nous sommes en rupture de stock. 이 상품은 재고 소진으로 일시 품절됐습니다.	m. 재고

☐ brevet	L'Office européen des brevets (OEB) à Munich délivre des brevets valables dans plusieurs pays.	m. 특허
	뮌헨 소재 유럽특허청(EPO)은 여러 국가에서 유효한 특허를 발급한다.	
☐ chiffre d'affaires	La société ABC a enregistré un nouveau chiffre d'affaires record.	m. 총매출 (액)
	ABC사는 다시 총매출 최고 기록을 세웠다.	
☐ bénéfice	L'année dernière, notre entreprise a réalisé des bénéfices considérables.	m. 이익
	작년에 우리 회사는 상당한 이익을 냈다.	
☐ appel d'offres	Le ministère du Transport a lancé un nouvel appel d'offres.	m. 입찰
	교통부는 새로운 입찰 공고를 냈다.	
	참고 répondre à un appel d'offres 응찰하다 m. marché de gré à gré 수의 계약 f. attribution d'un marché 낙찰 f. annulation d'un appel d'offres 유찰	
☐ vente aux enchères	Il participe à une vente aux enchères caritative ce soir.	f. 경매
	그는 오늘 저녁 자선 경매에 참석한다.	
☐ accident du travail	Il faudrait s'assurer contre les accidents du travail.	m. 산업 재해
	산업 재해에 대비해 보험에 가입해야 한다.	
☐ faillite	Il est au chômage parce que sa société a fait faillite le mois dernier.	f. 파산
	회사가 지난달 파산하는 바람에 그는 지금 실업 상태다.	

conjoncture économique	La conjoncture économique sera favorable à l'Asie du Nord-Est. 동북아시아 경기가 호조를 보일 것이다.	f. 경기
croissance économique	La croissance économique nationale s'est accélérée au deuxième trimestre. 2사분기 국내 경제 성장이 가속화됐다. 참고 m. taux de croissance économique 경제성장률 f. reprise économique 경제 회복	f. 경제 성장
crise économique	À cause de la crise économique, nous avons été obligés de fermer deux usines. 경제 위기 때문에 우리는 공장 두 곳을 닫아야만 했다. 참고 f. récession économique 경제 후퇴 m. ralentissement économique 경기 부진, 경제 둔화 m. marasme, f. stagnation 경기 침체 f. dépression 불황	f. 경제 위기
Bourse (des valeurs)	La Bourse de Londres a terminé en hausse jeudi. 목요일 런던 증권시장은 상승세로 마감됐다.	f. 증권시장
valeurs mobilières	Les sociétés par actions peuvent émettre des valeurs mobilières. 주식회사는 유가증권을 발행할 수 있다.	f.pl. 유가증권
action	Les actions de cette société sont cotées en Bourse. 이 회사의 주식은 증권시장에 상장됐다.	f. 주식

☐ bulle spéculative	La bulle spéculative a fini par éclater. 투기 거품이 결국 터졌다. 참고 m. fonds spéculatif 헤지 펀드	f. 투기 거품
☐ taux d'intérêt	La Banque de Corée relève son taux d'intérêt de 1,2% à 1,5%. 한국은행은 금리를 1.2%에서 1.5%로 인상한다.	m. 금리
☐ Produit Intérieur Brut (PIB)	Le produit intérieur brut(PIB) de la Corée a progressé de 1% au deuxième trimestre par rapport au premier trimestre. 한국의 2사분기 국내총생산(GDP)은 1사분기 대비 1% 증가했다. 참고 Produit National Brut (PNB) 국민총생산, GNP	m. 국내총생산, GDP
☐ échanges commerciaux	Les échanges commerciaux entre ces deux pays sont dynamiques. 양국 간 교역이 활발하다. 참고 m. pays importateur 수입국 m. pays exportateur 수출국	m.pl. 교역
☐ balance courante	Ce pays a une balance courante déficitaire. 이 국가는 경상수지가 적자다. 참고 f. balance courante excédentaire 경상수지 흑자	f. 경상수지
☐ appréciation d'une monnaie	L'appréciation excessive d'une monnaie peut détruire une partie du tissu industriel. 과도한 통화 가치 상승은 산업 조직을 일부 망가뜨릴 수 있다. 반의어 f. dépréciation d'une monnaie 통화 가치 하락	f. 통화 가치 상승

☐ investissements	Ils ont effectué des investissements dans cette entreprise. 그들은 이 기업에 투자를 했다.	m.pl. 투자
☐ population active	La population active continue de diminuer. 경제활동인구가 꾸준히 감소한다.	f. 경제활동 인구
☐ compte bancaire	Je voudrais ouvrir un compte bancaire. 은행 계좌를 개설하고 싶습니다. 참고 solder un compte 계좌를 해지하다 m. relevé de compte 계좌거래내역서 m. relevé d'identité bancaire (RIB) 계좌 명세서	m. 은행 계좌
☐ retirer de l'argent	Pourquoi as-tu retiré beaucoup d'argent de ton compte ? 왜 계좌에서 돈을 그렇게 많이 찾았어? 반의어 déposer de l'argent 입금하다 참고 m. retrait 인출 m. distributeur automatique de billets (DAB) 현금자동입출금기(ATM)	돈을 인출 하다
☐ virement bancaire	Tu peux faire un virement en ligne. 온라인으로 이체할 수 있어.	m. 계좌 이체
☐ prélèvement automatique	Le prélèvement automatique est souvent exigé pour la location immobilière. 부동산을 임차할 때 빈번이 자동 이체를 요구한다.	m. 자동 이체

☐ chèque   Le locataire a émis à l'ordre du   m. 수표
propriétaire un chèque bancaire.

임차인은 집주인 앞으로 은행 수표를 발행했다.

참고 m. chéquier, m. carnet de chèques 수표첩

☐ carte bancaire Le règlement s'effectue par carte   f. 은행 카드
bancaire exclusivement.

결제는 은행 카드로만 이뤄진다.

☐ carte de crédit Puis-je payer par carte de crédit ?   f. 신용카드

신용카드로 결제할 수 있나요?

6 정치

☐ élection	Il nous encourage à participer aux élections pour prendre en main l'avenir de notre pays. 그는 우리에게 선거에 참여해 나라의 미래를 책임지라고 독려한다. **참고** f. élection présidentielle 대통령 선거 f.pl. élections législatives 총선거 f.pl. élections municipales 지방 선거	f. 선거
☐ remporter	Le candidat a remporté les élections. 그 후보자가 선거에서 이겼다. **유의어** gagner, triompher, l'emporter (sur) **반의어** perdre	이기다, 승리하다
☐ électeur/ électrice	Quels critères les électeurs vont-t-ils retenir pour faire leur choix ? 유권자들은 선택을 위해 어떤 기준을 염두에 둘 것인가?	유권자
☐ élire	Il est élu président avec 48,5% des voix. 그는 48.5%의 득표율을 보이며 대통령에 선출되었다.	선출하다
☐ candidat(e)	Robert, jeune acteur américain, s'est ridiculisé en ne reconnaissant pas les candidats à l'élection présidentielle. 미국인 배우 로버트는 대통령 선거 후보자를 알아보지 못해 웃음거리가 되었다.	후보(자)
☐ voter	Beaucoup de personnes ont voté tôt ce matin pour pouvoir partir ensuite à la plage. 많은 사람들이 투표를 마치고 바닷가로 떠나기 위해 아침 일찍 투표했다. **유의어** aller aux urnes **참고** voter pour son candidat favori 자신이 지지하는 후보자에게 투표하다	투표하다

☐ droit de vote	En France, il faut avoir plus de 18 ans pour avoir le droit de vote. 프랑스에서 투표권을 가지려면 선거 당일 나이가 만 18세여야 한다.	m. 투표권
☐ campagne électorale	La campagne électorale officielle s'achève ce vendredi soir à minuit. 공식 선거 유세 활동은 이번 금요일 자정에 종료된다. 참고 f. campagne 캠페인, 군사작전	f. 선거 유세, 선거 운동
☐ programme électoral	Les politiciens présentent leur programme électoral. 정치인들은 자신의 선거 공약을 발표한다.	m. 선거 공약
☐ politique	Vous êtes d'accord avec la politique mise en œuvre par le gouvernement ? 당신은 정부가 시행하는 정책에 동의하십니까?	f. 정치, 정책
☐ parti politique	En Corée du Sud, combien y a-t-il de partis politiques ? 한국에는 정당이 몇 개입니까?	m. 정당
☐ parti de gauche	Sa ligne politique est à gauche. 그녀의 정치적 노선은 좌파이다. 유의어 f. gauche	m. 좌파 정당
☐ parti de droite	Je ne connais pas exactement ses opinions politiques mais je le crois très à droite. 그의 정치적 소견이 어떤지 정확히는 모르지만 아주 우파일 것 같다. 유의어 f. droite	m. 우파 정당

☐ Parlement	Le Parlement français est composé de deux chambres : le Sénat et l'Assemblée nationale. 프랑스 의회는 상원과 하원으로 구성된 양원제다. **참고** m. monocaméralisme, monocamérisme 단원제 m. bicaméralisme, bicamérisme 양원제	m. 의회
☐ ministère	Le ministère de l'Éducation nationale a fait du harcèlement à l'école l'une de ses priorités. 교육부는 학교 폭력 해결을 최우선 과제로 삼았다.	m. (정부의) ~부
☐ ministre	Le Président et le Premier ministre choisissent et nomment les ministres pour former le gouvernement. 대통령과 총리는 정부를 구성하기 위해 장관을 지정해 임명한다.	m. 장관
☐ porte-parole	À entendre le porte-parole du gouvernement, ce projet est presque achevé. 정부 대변인의 말을 들어 보니 이 프로젝트는 거의 마무리됐다.	m. 대변인
☐ sondage d'opinion	Les sondages d'opinion permettent de prédire le résultat des élections. 여론 조사로 선거 결과를 예측해 볼 수 있다.	m. 여론 조사
☐ manifestation	De nombreuses manifestations vont avoir lieu ce samedi contre la réforme des retraites. 이번 토요일, 연금 제도 개혁에 반대하는 시위가 많이 벌어질 것이다.	f. 시위

☐ défiler	Les manifestants ont défilé de la place de la Bastille jusqu'à la place d'Italie. 시위 참가자들은 바스티유 광장에서부터 이탈리 광장까지 행진했다. **참고** m. défilé 행진	행진하다
☐ relations diplomatiques	Les relations diplomatiques se sont établies entre deux pays. 양국 간 외교 관계가 수립됐다.	f.pl. 외교 관계
☐ sommet (international)	Le sommet international sur le climat s'est tenu le mois dernier à Séoul. 기후 관련 정상 회담이 지난달 서울에서 개최됐다. **유의어** m. sommet mondial	m. (세계) 정상 회담
☐ s'allier avec	Il est prêt à s'allier avec son ennemi d'hier. 그는 어제의 적과 손을 잡을 준비가 됐다.	연합하다, 손을 잡다
☐ organisation internationale	Toutes les organisations internationales ont tiré la sonnette d'alarme face à la situation de ce pays. 모든 국제기구가 이 나라의 상황에 대해 경종을 울렸다. **참고** Organisation des Nations unies (ONU) 국제연합(UN)	f. 국제기구
☐ organisation non gouvernementale (ONG)	Elle espère travailler dans une organisation non gouvernementale. 그녀는 비정부기구에서 일하고 싶어 한다. **참고** f. organisation humanitaire 인도주의 단체 f. organisation caritative 자선단체	f. 비정부 기구(NGO)

guerre	La situation se dégrade au Moyen-Orient et il se peut qu'il y ait une guerre.	f. 전쟁
	중동 정세가 악화돼 전쟁이 일어날지도 모르겠다.	
	참고 m. conflit 갈등, 충돌	
	f. tension 긴장 (관계), (관계) 경색	
	m. différend 분쟁	

attentat terroriste	L'attentat terroriste a eu lieu sur les Champs-Élysées, avenue la plus connue de Paris, fréquentée par de nombreux touristes.	m. 테러 행위
	파리에서 가장 유명한 거리로 많은 관광객이 찾는 샹젤리제에서 테러가 발생했다.	

참 고 단 어

- [ ] Conseil constitutionnel m. 헌법 위원회
- [ ] inégalité hommes-femmes f. 양성 불평등
- [ ] référendum m. 국민투표
- [ ] diplomatie multilatérale f. 다자간 외교
- [ ] accord bilatéral m. 양자 협정

☐ mairie

Ton mari doit aller à la mairie déclarer la naissance de ta fille.

네 남편이 시청에 가서 딸 출생신고를 해야지.

`유의어` m. Hôtel de ville

f. 시청

☐ commissariat de police

Ils ont emmené le voleur au commissariat de police.

그들은 도둑을 경찰서로 끌고 갔다.

m. 경찰서

☐ pauvreté

La lutte contre la pauvreté des enfants constitue un enjeu majeur pour notre société.

아동 빈곤 문제 해결은 우리 사회의 주요 현안이다.

`참고` m. taux de pauvreté 빈곤율
m. seuil de pauvreté 빈곤선

f. 빈곤

☐ fossé (entre A et B)

Au cours des dix dernières années, certains pays ont su réduire le fossé entre les riches et les pauvres.

지난 십 년간 빈부 격차를 줄인 국가도 있다.

`유의어` m. écart
`참고` creuser le fossé 격차가 벌어지다
combler le fossé 격차를 메우다

m. (A와 B 사이의) 격차

☐ immigration

Le premier ministre veut limiter l'immigration non-européenne.

총리는 유럽연합 이외의 국가에서 들어오는 이민을 제한하고 싶어 한다.

f. 이민

☐ asile

Il s'est réfugié à l'ambassade du Canada et demande l'asile politique.

그는 캐나다 대사관으로 피신해 정치적 망명을 요청했다.

m. 망명

| dictature | Ils ont quitté leur pays natal parce qu'ils ne voulaient plus vivre dans une dictature.
 그들은 더 이상 독재 정권 아래에서 살고 싶지 않아서 고국을 떠났다. | f. 독재 |

| violer | Les droits de l'homme sont encore régulièrement violés dans de nombreuses parties du monde.
 많은 나라에서 지속적으로 인권을 침해하고 있다.
 참고 f. violation | 침해하다, 위반하다 |

| réfugié(e) | Les organismes humanitaires ont aidé des milliers de réfugiés qui ont été chassés de leur pays natal.
 인도주의 단체는 자국에서 쫓겨난 난민 수천 명을 도왔다. | 난민 |

| immigré(e) clandestin(e) | Ils emploient des immigrés clandestins même s'ils savent que c'est illégal.
 그들은 불법인 줄 알면서도 불법 이민자를 고용한다.
 유의어 sans-papier 불법체류자 | 불법 이민자 |

| discrimination | Il y a des lois contre les discriminations de toutes sortes.
 모든 종류의 차별을 금지하는 법이 있다. | f. 차별 |

| sans domicile stable ou fixe (SDF) | À cause de la crise économique, le nombre de sans domicile fixe a augmenté de 50% en deux ans.
 경제 위기로 인해 노숙자의 숫자가 2년 만에 50% 증가했다. | 노숙자 |

| carte de séjour | Elle vient d'obtenir une carte de séjour temporaire.
 그녀는 방금 전 임시 체류증을 발급받았다.
 참고 f. carte de résident permanent 영주권 | f. 체류증 |

☐ électricité

La canicule a provoqué une panne d'électricité géante.

불볕더위로 인해 대규모 정전이 일어났다.

f. 전기

☐ réchauffement planétaire

Le réchauffement planétaire est le plus grand défi à relever pour l'humanité.

지구 온난화는 인류가 넘어야 할 가장 큰 도전 과제 이다.

유의어 m. réchauffement climatique 기후 온난화

참고 f. montée des eaux 해수면 상승

m. 지구 온난화

☐ gaz à effet de serre

Les Pays-Bas ont pour objectif de réduire leurs émissions de gaz à effet de serre de 25% d'ici à 2020.

네덜란드는 2020년까지 온실가스 배출량을 25% 감축하겠다는 목표를 세웠다.

m.pl. 온실 가스

☐ poussières fines

La pollution de l'air causée par les poussières fines a des effets néfastes sur la santé de l'homme.

미세먼지로 인한 대기오염은 인간의 건강에 해로운 영향을 미친다.

유의어 f.pl. particules (ultra) fines

f.pl. 미세 먼지

☐ gaz d'échappement

Les gaz d'échappement contiennent des produits nocifs.

배기 가스에는 유해 물질이 있다.

m.pl. 배기 가스

☐ piste cyclable

Cette ville a aménagé des pistes cyclables.

이 도시는 자전거도로를 설치했다.

f. 자전거 도로

☐ ordures ménagères

Quel est le jour de collecte des ordures ménagères ?

생활쓰레기 수거일이 언제야?

참고 m.pl. déchets industriels 산업폐기물

f.pl. 생활 쓰레기

☐ recyclage	Le recyclage des piles est obligatoire en France. 프랑스에서 건전지 재활용은 의무다.	m. 재활용
☐ tri	On fait le tri des déchets, du papier, du verre usagé. 쓰레기, 종이, 폐유리를 분류 배출한다.	m. 분류 배출
☐ catastrophe naturelle	Sa famille a tout perdu dans cette catastrophe naturelle. 이번 자연재해로 그의 가족은 모든 것을 잃었다.	f. 자연재해
☐ inondation	Les inondations ont frappé la capitale. 홍수가 수도를 강타했다.	f. 홍수
☐ sécheresse	L'été dernier, cette région a connu une grave sécheresse. 이 지방은 지난여름에 심각한 가뭄을 겪었다. 참고 f. désertification 사막화	f. 가뭄
☐ avalanche	Trois personnes ont été emportées par une avalanche survenue hier soir. 어제저녁 발생한 눈사태에 세 명이 휩쓸려 갔다. 참고 m. glissement de terrain 산사태	f. 눈사태
☐ tremblement de terre	Le tremblement de terre a dévasté cette région. 지진이 이 지역을 초토화시켰다. 유의어 m. séisme	m. 지진
☐ typhon	Plusieurs bateaux ont coulé à cause du typhon. 태풍 때문에 배 여러 대가 침몰했다. 참고 f. tempête 폭우, 돌풍, 폭풍	m. 태풍

□ raz-de-marée   Ce centre a accueilli les 500 sinistrés du raz-de-marée.

이 센터는 해일 피해 이재민 500명을 받아들였다.

참고 복수 불변
raz de marée 로도 표기 가능
m. tsunami 지진 해일

m. 해일

□ incendie   Une cigarette négligemment jetée par la fenêtre de la voiture peut provoquer un incendie.

차창 밖으로 무심코 던진 담배가 화재를 일으킬 수 있습니다.

유의어 m.pl. feux

m. 화재

참 고 단 어

□ développement durable m. 지속가능발전
□ efficacité énergétique f. 에너지 효율
□ gaspillage d'énergie m. 에너지 낭비
□ énergies fossiles f.pl. 화석에너지
□ énergie propre f. 청정에너지
□ énergies renouvelables f.pl. 신재생에너지
□ énergie éolienne f. 풍력에너지
□ énergie solaire f. 태양에너지

9 과학

☐ recherche et
développement

Le nouveau gouvernement a décidé
d'accroître les investissements dans la
recherche et le développement.

새로운 정부는 연구 개발 투자를 늘리기로 결정했다.

연구 개발
(R&D)

☐ centre de
recherche

Il travaille dans un centre de recherche.

그는 연구소에서 일한다.

유의어 m. laboratoire 실험실

m. 연구소

☐ technologie

Les nouvelles technologies ont
bouleversé notre vie quotidienne.

신기술은 우리 일상을 완전히 바꿨다.

참고 f. technologie de pointe 첨단 기술

f. 기술

☐ biotechnologie

Cette société est spécialisée dans les
biotechnologies.

이 회사는 생명공학기술 전문 업체다.

f. 생명공학
기술

☐ technologies
de l'information
et de la
communication
(TIC)

De nos jours, il faut savoir intégrer les
technologies de l'information et de la
communication dans l'enseignement des
langues étrangères.

오늘날, 정보통신기술을 외국어 교육에 접목할 줄
알아야 한다.

f. 정보통신
기술(ITC)

☐ accès

La plupart des Coréens ont accès à
Internet.

한국인 대다수가 인터넷 접속이 가능하다.

m. 접근,
접속

☐ logiciel

Il suffit de télécharger un logiciel gratuit
et de l'installer.

무료 소프트웨어(프리웨어)를 다운로드 받아 설치하면
충분하다.

반의어 m. matériel 하드웨어

m. 소프트
웨어

☐ piratage	Les actes de piratage informatique se multiplient depuis plusieurs mois. 최근 몇 달간 인터넷 해킹이 증가하고 있다.	m. 해킹
☐ intelligence artificielle (IA)	D'ici une cinquantaine d'années, l'intelligence artificielle sera capable de remplacer l'homme dans la plupart de ses activités professionnelles. 향후 50년 이내에 인공지능이 대부분의 업무 활동에서 인간을 대체할 것이다.	f. 인공지능 (AI)
☐ données personnelles	La nouvelle réglementation sur la protection des données personnelles entrera en vigueur dans un an. 개인정보 보호에 관한 새로운 규제가 일 년 이내에 발효될 것이다.	f.pl. 개인 정보
☐ réseaux sociaux	Les réseaux sociaux peuvent mettre en relation des gens qui souhaitent se faire des amis. SNS는 친구를 사귀고 싶은 사람들을 서로 이어 줄 수 있다.	m.pl. 사회 관계망 (SNS), 소셜미디어
☐ monde virtuel	Parfois, il confond le monde virtuel et le monde réel. 그는 때로 가상세계와 현실세계를 혼동한다. 반의어 m. monde réel	m. 가상 세계

journal	J'ai lu un article intéressant dans le journal d'hier. 어제 신문에서 흥미로운 기사를 하나 읽었다. 참고 m. journal quotidien 일간지 　　　 m. journal hebdomadaire 주간지 　　　 m. journal mensuel 월간지 　　　 m. journal télévisé TV 뉴스	m. 신문
chronique	Dans sa chronique, elle défend les droits des femmes. 그녀는 칼럼에서 여성의 권리를 옹호한다. 참고 éditorial m. 사설	f. 칼럼
une	Cet accident automobile a fait la une de toute la presse. 그 자동차 사고가 모든 신문 1면을 장식했다.	f. 신문의 1면
éditeur	Le prochain éditeur de ce journal n'est pas encore connu. 이 신문의 후임 편집자가 누구인지 아직 알려지지 않았다. 참고 rédacteur en chef 편집장, 주필	m. 편집자, 출판사
journaliste	Cet ancien journaliste scientifique a publié un livre de vulgarisation scientifique. 그 전직 과학기자가 대중과학서적을 출간했다.	m. 기자
agence de presse	J'ai cofondé une petite agence de presse à Séoul. 나는 서울에서 작은 언론사를 공동 설립했다.	f. 언론사, 통신사

☐ correspondant(e)	Selon notre correspondant, l'attentat de Paris a fait 90 morts et des centaines de blessés. 특파원에 따르면 파리 테러로 90명이 사망하고 수백 명이 부상을 당했습니다.	특파원
☐ abonnement	Après un mois, l'abonnement sera automatiquement renouvelé. 한 달 후 정기 구독은 자동으로 갱신됩니다. 참고 s'abonner à qqch 구독하다, 가입하다	m. 정기 구독, 가입
☐ censurer	La presse coréenne accuse le gouvernement d'avoir censuré plusieurs passages d'un rapport sur la pauvreté. 한국 언론은 정부가 빈곤 관련 보고서의 몇 대목을 검열했다고 비난한다. 참고 f. censure	검열하다
☐ liberté d'expression	Je sais que la liberté d'expression est importante dans notre pays mais ses propos sont intolérables. 우리나라에서 표현의 자유가 중요하다는 것은 알고 있지만 그의 발언은 용납될 수 없다.	f. 표현의 자유
☐ liberté de la presse	Les journalistes sont en grève pour défendre la liberté de la presse. 기자들이 언론의 자유를 수호하기 위해 파업 중이다.	f. 언론의 자유
☐ rumeur	La fausse rumeur se répand rapidement sur les réseaux sociaux. 잘못된 소문이 SNS를 통해 빠르게 퍼진다.	f. 소문, 루머
☐ scandale	Le premier ministre a trempé dans un énorme scandale de corruption. 총리가 거대한 부패 스캔들에 연루됐다.	m. 추문, 스캔들

☐ auditeur/ auditrice	Un auditeur sur trois préfère les radios musicales. 청취자 3명 중 1명은 음악 채널을 선호한다.	청취자
☐ téléspectateur/ téléspectatrice	La Coupe du monde de football constitue l'événement sportif qui réunit le plus de téléspectateurs à travers le monde. 월드컵은 전 세계에서 사람들이 가장 많이 시청하는 스포츠 행사다.	텔레비전 시청자
☐ présentateur/ présentatrice	Quel est le présentateur de la nouvelle émission politique de TABC ? TABC의 새로운 정치평론 방송 사회자는 누구입니까? 유의어 animateur/animatrice	사회자, 진행자
☐ zapper	Le week-end, il passe son temps à zapper devant la télévision. 주말이면 그는 텔레비전 채널을 이리저리 돌리면서 시간을 보낸다. 참고 m. zapping	텔레비전 리모컨으로 채널을 이리저리 돌리다
☐ publicité	Cette publicité incite les enfants à consommer des aliments qui ne sont pas bons pour la santé. 이 광고는 아이들이 건강에 좋지 않은 식품을 소비하게 부추긴다.	f. 광고
☐ prospectus	Il n'y a que des prospectus dans ma boîte aux lettres. 우편함에 광고지밖에 없다.	m. 광고지

1 Au bureau 사무실에서

ordinateur portable m. 노트북

stylo-bille m. 볼펜

crayon m. 연필

surligneur m. 형광펜

pince-notes m. 집게

trombone m. 클립

agrafeuse f. 스테이플러

ciseaux m.pl. 가위

cachet m. 스탬프

tampon encreur m. 스탬프 잉크

souris f. 마우스   moniteur m. 모니터

clavier m. 키보드   scanneur m. 스캐너

imprimante (laser ou à encre) f. (레이저 또는 잉크젯) 프린터

photocopieur m. 팩스

armoire à dossiers f. 서류장, (사무실) 캐비닛

classeur m. 서류철

cahier m. 공책

carnet m. 수첩

bloc-notes m. 메모장

212

2 En ville 도시에는

bibliothèque f. 도서관

librairie f. 서점   musée m. 박물관

magasin m. 상점

banque f. 은행

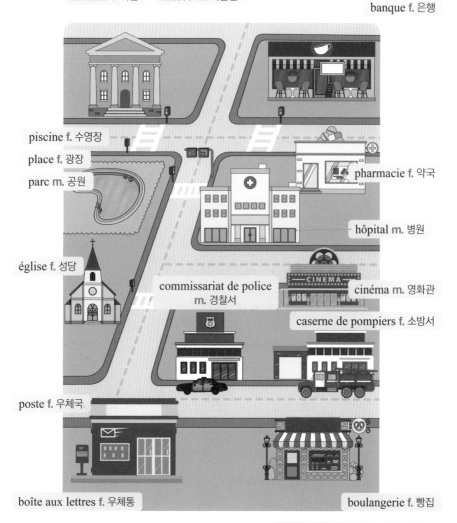

piscine f. 수영장

place f. 광장

parc m. 공원

pharmacie f. 약국

hôpital m. 병원

église f. 성당

commissariat de police m. 경찰서

cinéma m. 영화관

caserne de pompiers f. 소방서

poste f. 우체국

boîte aux lettres f. 우체통

boulangerie f. 빵집

kiosque à journaux m. 신문가판대

❸ Mes aptitudes professionnelles 내 직무적성은?

- être ambitieux/ambitieuse 야심이 있다
- être capable de prendre des risques 위험을 감수할 줄 알다
- avoir confiance en soi 자신감이 있다
- être consciencieux/consciencieuse 성실하다
- être discret/discrète 신중하다
- avoir l'esprit d'initiative 추진력이 있다
- avoir une bonne faculté d'écoute 타인의 말을 귀담아 듣는다
- avoir le sens des réalités 현실 감각이 있다
- avoir le sens du travail en équipe 팀워크 감각이 있다
- être curieux/curieuse 호기심이 있다
- être diplomate 외교적이다
- avoir l'esprit de décision 결단력이 있다
- avoir l'esprit d'analyse 분석력이 있다
- avoir le sens de la négociation 협상력이 있다
- avoir une bonne capacité à convaincre 설득력이 좋다
- avoir le sens esthétique 미적 감각이 있다
- avoir le sens critique 비판력이 있다
- avoir de la mémoire 기억력이 좋다
- avoir un esprit ouvert 열린 태도를 갖고 있다
- être persévérant(e) 끈기가 있다
- avoir le sens des responsabilités 책임감이 있다

1 밑줄 친 부분과 상반된 의미의 동사를 원형으로 쓰세요.

① L'entreprise licencie vingt salariés.

(　　　　　)

② Il a gagné de l'argent pour sa famille.

(　　　　)

③ Elle a perdu les élections.

(　　　　　)

2 밑줄 친 부분과 비슷한 의미의 단어를 쓰세요.

① Il a enfin trouvé un emploi.

(　　　　　)

② Hier soir, il y a eu un incendie.

(　　　　　)

③ L'écart entre les revenus se creuse.

(　　　　)

3 괄호 안에 적당한 단어를 넣어 문장을 완성하세요.

① Les maires sont élus lors des (　　　　　) municipales.
→ 시장은 지방선거에서 선출됩니다.

② As-tu (　　　　) à l'Internet ?
→ 인터넷 접속이 되니?

③ Elle est en (　　　　　) maternité.
→ 그녀는 육아휴직 중입니다.

4 이들의 직업은 무엇입니까?

① Il écrit dans les journaux, il est (   ).

② Elle travaille pour l'État, elle est (   ).

③ Il lutte contre le feu, il est (   ).

5. 다음 동사의 명사형을 쓰세요.

① licencier → (   )

② retirer → (   )

③ exiger → (   )

④ censurer → (   )

1 ① employer, embaucher 고용하다, 채용하다 (그 기업이 직원 20명을 해고했다.)

　② dépenser 지출하다 (그는 가족을 위해 돈을 번다.)

　③ remporter, gagner 이기다 (그녀는 선거에서 졌다.)

2 ① travail, boulot (그는 마침내 직업을 구했다.)

　② feu (어제저녁 화재가 있었다.)

　③ fossé (임금 격차가 심화된다.)

3 ① élections

　② accès

　③ congé

4 ① journaliste (그는 신문에 기사를 쓴다. 그는 기자다.)

　② fonctionnaire (그녀는 나라를 위해 일한다. 그녀는 공무원이다.)

　③ pompier/sapeur-pompier (그는 불과 싸운다. 그는 소방관이다.)

5 ① licenciement ② retrait ③ exigence ④ censure

Vocabulaire de Base

기본 어휘

1 수량, 증감

☐ plus de	Il y avait plus de dix mille personnes à la manifestation. 집회에 만 명 이상의 사람이 있었다. [유의어] au-dessus de, plus grand que	~이상, ~보다 많은
☐ moins de	Ce service est interdit aux moins de 13 ans. 이 서비스는 만 13세 미만에게는 금지된다. [유의어] au-dessous de, en dessous de, plus petit que	~이하, ~미만, ~보다 적은
☐ moyenne	Le taux de mortalité dû au tabac en Corée est au-dessus de la moyenne de l'OCDE. 한국의 흡연 사망률은 OECD 평균 이상이다.	f. 평균
☐ nombreux/ nombreuse	Les gens sont venus plus nombreux que prévu. 예상보다 더 많은 사람들이 왔다. [유의어] considérable, important(e)	많은
☐ peu	Il faut peu de choses pour être heureux. (=Il ne faut pas beaucoup de choses pour être heureux.) 행복하기 위해서는 별로 많은 것이 필요하지 않다. [참고] à peu près 대략, 어림잡아 un peu 약간	거의 없는, 적은, 별로 ~ 않다
☐ assez	Je n'ai pas assez d'argent pour acheter ces choses-là. 여기 이것들을 사기 위한 돈이 충분히 있지 않다.	꽤, 충분히
☐ beaucoup	J'ai beaucoup aimé ce film. 나는 이 영화를 많이 좋아했다. [참고] beaucoup de + 무관사 명사: 많은 ~	많이

☐ au moins	95% des Français mangent du fromage au moins une fois par semaine. 프랑스 사람 95%는 적어도 일주일에 한 번은 치즈를 먹는다. 유의어 au bas mot	적어도, 최소한
☐ tout au plus	Il faudra six mois tout au plus pour terminer ce chantier. 이 작업을 끝내기 위해서는 기껏해야 6개월이 필요할 것이다.	기껏해야
☐ fois	On se voit une fois par mois. 우리는 한 달에 한 번씩 만나고 있다. Ta chambre est deux fois plus grande que la mienne. 네 방은 내 방보다 두 배 더 커. 참고 à la fois 동시에, 한 번에	f. 몇 번, 몇 배
☐ être multiplié(e) par ~	Entre 1900 et 2000, la population mondiale a été multipliée par trois. 1900년에서 2000년 사이, 전 세계 인구는 세 배로 늘었다. 참고 doubler 두 배로 늘리다/두 배가 되다 tripler 세 배로 늘리다/세 배가 되다 quadrupler 네 배로 늘리다/네 배가 되다	~배로 늘다
☐ moitié	La salle d'attente n'était pas si bondée: elle était à moitié vide. 대기실은 반쯤 비어 있어서 그렇게 붐비지 않았다. 참고 demi 1/2 tiers 1/3 quart 1/4	f. 절반, 1/2

☐ diminuer	Il faudrait diminuer la longueur de cette robe. 이 원피스 길이를 좀 줄여야 할 것 같다. 유의어 réduire, baisser	**vt.** 줄이다, 내리다, 축소하다

Les prix ont diminué au mois de juillet, de 0,4% par rapport à juin.

물가가 6월에 비해 7월에는 0.4% 감소했다.

Le budget alloué à la culture a cette année encore été diminué par le gouvernement.

문화 할당 예산이 올해는 정부에 의해 더 줄어들었다.

유의어 descendre, tomber, incliner, chuter

참고 동작을 나타낼 때에는 과거 시제에서 조동사 avoir 사용, 상태일 경우 조동사 être 사용

vi. 줄어들다,
내려가다,
감소하다,
하락하다,
약해지다

☐ augmenter

Le patron a enfin augmenté les salaires.

사장이 결국 임금을 인상했다.

유의어 lever, élever, accroître

vt. 올리다,
증가시키다,
인상하다

Sa fièvre augmente de plus en plus. Il est urgent d'appeler le SAMU.

그 사람은 열이 점점 더 올라가고 있어. 서둘러 구급차를 불러야 해.

유의어 monter, s'élever, grimper

참고 동작을 나타낼 때에는 과거 시제에서 조동사 avoir 사용, 상태일 경우 조동사 être 사용

cf. SAMU: 프랑스의 의료구조대

vi. 올라가다,
증가하다,
상승하다,
많아지다

☐ combien

Cette robe coûte combien ?

이 원피스는 얼마죠?

참고 combien de + 무관사 명사: 얼마나 많은 ~

얼마나,
얼마

heure	- Quelle heure est-il ? 지금 몇 시죠? - Il est six heures et demie. 6시 30분이요.	f. 시

minute	J'arriverai dans cinq minutes! 5분 후에 도착할 거야!	f. 분

seconde	Les pétales de cerisier tombent à la vitesse de cinq centimètres par seconde. 벚꽃은 초속 5cm로 떨어진다. 참고 dans une seconde (= tout de suite) 곧, 즉시	f. 초, 순간

jour	Florent a fini ce projet en deux jours. 플로랑은 이 프로젝트를 2일 만에 끝냈다. 참고 tous les jours, chaque jour 매일	m. 일

journée	Demain, c'est une journée décisive pour notre destin. 내일은 우리의 운명에 있어 결정적인 날이다. 참고 toute la journée 하루 종일, 온종일	f. 날

semaine	Je dois partir pour une semaine à Strasbourg. 나는 일주일 간 스트라스부르로 떠나야 한다. 참고 f. semaine denière 지난주 f. cette semaine 이번 주 f. semaine prochaine 다음 주 toutes les semaines, chaque semaine 매주	f. 주간

mois	Le salaire est versé à chaque fin de mois. 월급은 매월 말에 지급된다. 참고 m. mois dernier 지난달 m. ce mois 이번 달 m. mois prochain 다음 달 tous les mois, chaque mois 매월, 매달	m. 월

☐ année	Cette année, plusieurs jours fériés tombent un lundi ou un vendredi. 올해는 휴일이 월요일이나 금요일에 붙은 경우가 많다. **참고** f. année denière 작년 f. cette année 금년 f. année prochaine 내년 toutes les années, chaque année 매년, 매해, 해마다	f. 해, 년
☐ an(s)	J'ai vingt ans en âge coréen. 나는 한국 나이로 스무 살이다. Le Nouvel An est généralement célébré entre amis. 새해맞이는 보통 친구들끼리 파티를 벌인다. **참고** tous les ans 매년	m. ~살 (나이) 해, 년
☐ aujourd'hui	Il fait très froid aujourd'hui. 오늘은 날이 매우 춥다.	오늘
☐ hier	Je suis allé hier chez un ami qui habite près de chez moi. 어제는 우리 집 근처에 사는 친구 집에 갔었다. **참고** chez+명사: ~의 집에(서)	어제
☐ veille	Est-ce que vous ouvrez les cadeaux la veille de Noël, ou bien le lendemain ? 당신은 크리스마스 전날 선물을 열어 보나요, 아니면 다음 날 열어 보나요? **유의어** le jour d'avant, le jour précédent **참고** f. avant-veille 전전날	f. 전날
☐ avant-hier	Samuel est venu dîner chez nous avant-hier. 사뮈엘은 그저께 우리 집에 저녁을 먹으러 왔다.	그저께

demain	Ça ira mieux demain. 내일은 더 잘될 거야.	내일
après-demain	Le lauréat du prix Nobel sera annoncé après-demain. 노벨상 수상자는 모레 발표될 것이다. **참고** dans trois jours 글피	모레
lendemain	Il ne faut pas remettre au lendemain ce que l'on peut faire le jour même. 그날 할 수 있는 일을 다음 날로 미루지 마라. **참고** 비유적 의미로 '미래', '장래' 등을 의미하기도 함. **유의어** le jour d'après	m. 다음 날
maintenant	Je vais faire mes devoirs mais pas maintenant. J'ai encore le temps. 내가 숙제를 하긴 할 건데, 지금은 아니야. 아직 시간이 더 있어.	지금
avant	Avant de sortir, elle a bien fermé les fenêtres. 나가기 전에 그녀는 창문을 잘 닫았다.	(시간상) 전
après	Un adolescent de 14 ans est brutalement mort après avoir dîné dans un fast-food. 14살짜리 청소년 한 명이 패스트푸드 음식점에서 저녁을 먹은 뒤 갑자기 사망했다.	(시간상) 후
autrefois	Autrefois, les confitures étaient 100% naturelles, sans conservateur, sans colorant. 예전에 잼은 방부제나 색소를 넣지 않은 100% 천연 잼이었다.	예전에, 옛날

☐ **dans**	Je vais finir tout mon travail dans les huit jours.	(시간·장소) ~ 안에, ~ 후에
	나는 일주일 안에 모든 일을 다 끝낼 것이다.	
	참고 dans huit jours 일주일 후에	
☐ **Il y a +** 시간 표현	Une nouvelle ligne de métro a été inaugurée il y a deux semaines.	~ 전에
	2주 전에 새로운 지하철 노선이 개통됐다.	
	참고 Il y a qqch: ~이 있다	
☐ **ces jours-ci**	Je ne te vois pas souvent, ces jours-ci.	요즘
	요즘에는 네가 자주 안 보이더라.	
	유의어 de nos jours, ces derniers jours	
☐ **récemment**	C'est un immeuble récemment rénové.	최근
	이 건물은 최근에 리뉴얼된 건물이다.	
☐ **début**	Le courant baroque reflète l'instabilité du monde au début du 17ème siècle.	m. 시작
	바로크 사조는 17세기 초의 불안정한 세계를 반영한다.	
	유의어 m. départ	
☐ **fin**	Je n'ai pas encore lu ce livre jusqu'à la fin.	f. 끝
	나는 이 책을 아직 끝까지는 다 안 읽었다.	
	유의어 m. bout, f. terme	
☐ **matin**	J'étais toujours dehors du matin au soir à cause de mon travail.	m. 아침, 오전 (시기)
	일 때문에 아침부터 저녁까지 계속 밖에 있었다.	
☐ **matinée**	Le nouveau ministre sera nommé dans la matinée.	f. 아침나절, 오전 시간 (기간)
	오전 중에 신임 장관이 임명될 예정이다.	

après-midi	Elle fait la sieste tous les après-midi. 그녀는 매일 오후 낮잠을 잔다. **참고** 남성형, 여성형 둘 다 가능	점심, 오후
soir	En général, je regarde la télévision le soir. 나는 보통 저녁마다 TV를 본다.	m. 저녁 (시기)
soirée	J'ai passé la soirée de dimanche avec Yves. 나는 일요일 저녁을 이브와 함께 보냈다. **참고** 이브닝 파티나 저녁 식사 자리를 의미하기도 함.	f. 저녁 시간 (기간)
nuit	Bonne nuit, dors bien ! 좋은 밤 보내고 잘 자! **참고** toute la nuit 밤새	f. 밤
au cours de	Il m'a raconté toutes les aventures qu'il avait vécues au cours de son séjour en France. 그는 나에게 프랑스에서 지내는 동안 겪었던 별의별 사건들을 다 이야기해 주었다.	도중에, ~ 동안
au milieu de	Elle s'est endormie au milieu du film. 그녀는 영화 보는 중간에 잠들었다.	(시간·공간 상으로) 중간에, 가운데에
tôt	Je voudrais terminer ce projet le plus tôt possible. 나는 이 일을 가급적 빨리 끝냈으면 좋겠다.	빨리
tard	Il est arrivé trop tard à la soirée. 그는 저녁 모임에 너무 늦게 도착했다.	늦게

□ prendre du temps	Cette méthode peut prendre du temps. 이 방법은 시간이 좀 걸릴 수 있다. **참고** prendre son temps 천천히 여유를 갖다	시간이 걸리다
□ gagner du temps	Ce système nous a fait gagner du temps. 이 시스템으로 우리는 시간을 절약했다.	시간을 절약하다
□ perdre son temps	De nos jours, perdre son temps sur Internet semble être devenu un loisir à part entière. 오늘날 인터넷을 하며 시간을 허비하는 일 그 자체가 하나의 완전한 취미로 자리 잡은 것 같다.	시간을 낭비하다

3 날씨, 기후

Track 32

météo	Les manifestations sont reportées en raison de la météo. 행사는 날씨(악천후) 때문에 연기되었다.	f. 일기예보, 날씨
vent	Chaque matin au bord de la mer, le vent souffle en direction de la mer. 바닷가에서는 아침마다 바다 쪽으로 바람이 분다. **참고** Le vent souffle 바람이 불다 avoir le vent en poupe 순풍을 받다, 순조롭게 일이 풀리다	m. 바람
pluie	Nous n'avons pas eu un seul jour de pluie pendant les vacances. 휴가 기간 동안 비가 단 하루도 오지 않았다. **참고** Il pleut 비가 오다 f. averse 소나기	f. 비
neige	La neige tombe depuis hier. 어제부터 계속 눈이 내린다. **참고** Il neige 눈이 오다 f. boule de neige 눈덩이	f. 눈
Il fait beau	Je voudrais sortir puisqu'il fait beau aujourd'hui. 오늘은 날씨가 좋다니까 밖으로 놀러 나가고 싶다. **유의어** Il y a du soleil.	날씨가 좋다
ensoleillé(e)	La chambre est bien ensoleillée, le soleil y pénètre par la fenêtre. 창문으로 햇빛이 들어와서 방이 무척 환하다.	환한, 맑은, 쾌청한
saison	« Les raisons d'aimer et de vivre varient comme font les saisons. » (Louis Aragon) "사랑하는 이유와 살아가는 이유는 계절 바뀌듯 달라진다." (루이 아라공) **참고** f. saison des pluies 장마철, 우기 m. printemps, été, automne, hiver 봄, 여름, 가을, 겨울	f. 계절, 시즌

☐ doux/douce	Le temps sera plus doux à partir de demain. 내일부터는 날씨가 더 따뜻할 것이다. 참고 날씨와 관련한 맥락이 아니라면 '부드러운', '온화한'의 뜻으로 사용	(날씨가) 따뜻한, 온화한
☐ froid(e)	Quand on a chaud, rien de mieux qu'une douche froide. 더울 때는 찬물 샤워보다 더 좋은 게 없다.	차가운, 추운
☐ chaud(e)	Cette année, on a eu un été très chaud. 올여름은 정말 더웠다.	뜨거운, 더운
☐ frais/fraîche	Mets ton manteau, il fait frais ce matin. 오늘 아침은 쌀쌀하니까 겉옷 챙겨 입고 가. 참고 mettre + 의류 관련 명사: (~ 옷을) 입다	쌀쌀한, 서늘한
☐ nuageux/ nuageuse	Le ciel est nuageux. 하늘에 구름이 끼었다. 유의어 Il fait gris.	구름이 낀, 흐린
☐ nuage	De gros nuages noirs remplissent le ciel, il va pleuvoir ! 하늘이 시커먼 먹구름으로 가득해. 곧 비가 올 거야. 참고 m. ciel dégagé 맑게 갠 하늘	m. 구름
☐ lever de soleil	On a assisté au lever de soleil du haut de la montagne. 우리는 산 정상에서 해돋이를 구경했다. 참고 Le soleil se lève. 해가 뜨다.	m. 해돋이

coucher de soleil	Est-ce qu'il y a des astuces spéciales pour réussir des photos de coucher de soleil ? 일몰 사진을 성공적으로 찍기 위한 특별한 팁 같은 게 있습니까?	m. 일몰
	참고 La nuit tombe. 날이 저물다.	

fleurir	Certaines variétés fleurissent facilement, d'autres rarement, d'autres pas du tout. 꽃이 잘 피는 품종도 있고, 드물게 피는 품종도 있고, 아예 피지 않는 품종도 있다.	꽃이 피다
	유의어 s'épanouir 개화하다, 무르익다	

feuilles mortes	Les feuilles mortes étouffent la pelouse. Pour éviter cela, il est nécessaire de les balayer régulièrement. 낙엽이 잔디밭을 가득 메우고 있어서 자주 쓸어줘야 한다.	f.pl. 낙엽

4 색

□ rouge	Je préfère le vin rouge au vin blanc. 나는 화이트 와인보다 레드 와인을 더 좋아한다.	빨간
□ bleu(e)	Le bleu que je préfère est celui de tes yeux. 나는 네 눈 색과 같은 파란색을 좋아한다.	파란
□ jaune	Si on mélange du bleu et du jaune, on obtient du vert. 파란색과 노란색을 섞으면 녹색을 만들 수 있다.	노란
□ noir(e)	Le noir te va très bien. 너에겐 검은색이 무척 잘 어울려.	검은
□ blanc(he)	Elle est blanche comme la neige. 그녀는 눈처럼 새하얗다.	하얀
□ gris(e)	Je préfère ce pull-over gris clair. 나는 밝은 회색의 이 스웨터가 더 좋다.	회색, 잿빛의
□ vert(e)	Le vert est une couleur qui symbolise l'espoir, la nature et la vie. 녹색은 희망과 자연, 생명을 상징하는 색깔이다.	녹색의
□ violet(te)	Dans les mangas, on peut souvent voir des filles aux yeux violets. 일본 만화에서는 종종 보라색 눈의 소녀를 볼 수 있다.	보라색의
□ orange	Ce chanteur porte souvent un costume orange lors de ses concerts. 이 가수는 자신의 콘서트에서 종종 주황색 의상을 입고 나온다.	주황색의

sur	J'ai mis ce livre sur la table. 그 책은 탁자 위에 놔두었다. **참고** '~에 관한'의 뜻으로도 사용 donner sur ~ 방향으로 나 있다	~ 위에
sous	Il n'y a rien sous la table. 탁자 밑에는 아무것도 없다.	~ 밑에
côté	J'ai une douleur au côté droit. 나는 오른쪽에 통증이 있다.	m. ~쪽
à côté de	Il est venu s'asseoir à côté de moi. 그는 내 옆에 와서 앉았다.	옆에
de l'autre côté	De ce côté il y a la chambre, et la salle de bain se trouve de l'autre côté du couloir. 이쪽에는 침실이 있고, 욕실은 복도 반대쪽 끝에 있다.	건너편에, 반대쪽에
dehors	Il fait froid dehors, rentrons à l'intérieur (=dans la maison). 밖이 춥다. (집) 안으로 들어가자. **반의어** dedans	밖으로, 밖에
autour de	Nous sommes allés nous promener dans les bois qui se trouvent autour du village. 우리는 마을 주변에 있는 숲으로 산책하러 갔다. **유의어** près de, à proximité de, aux environs de	근처에, 주위에
coin	Le magasin est situé au coin de la rue. 가게는 길모퉁이에 위치해 있다.	m. 구석, 모퉁이

gauche	Il écrit de la main gauche, il est gaucher.	왼쪽, 왼쪽의
	그는 왼손으로 글을 쓴다. 그는 왼손잡이다.	
	참고 à gauche de ~의 왼쪽에	

droite	Allez tout droit jusqu'au bout de cette rue, puis tournez à droite devant la Poste.	오른쪽, 오른쪽의
	이 길 끝까지 직진하신 다음, 우체국 앞에서 우회전하세요.	
	참고 명사형은 여성형을 사용하며, 형용사형은 수식되는 명사에 따라 droit(e)로 쓴다.	
	à droite de ~의 오른쪽에	

| en face de | Le parc est en face de l'église. | 맞은편에 |
| | 공원은 교회 맞은편에 있다. | |

| proche | Où est l'hôpital le plus proche ? | 가깝다 |
| | 가장 가까운 병원은 어디인가요? | |

| loin | On ne peut pas marcher jusque là-bas, c'est trop loin ! | 멀다 |
| | 거기까지는 못 걸어가. 너무 멀어! | |

6 기본 형용사

bon(ne)

C'est bon ! (=C'est délicieux.) 맛있어!

C'est bon. 됐어, 괜찮아.

Ah, bon ? 아, 그래?

Il fait bon. 날씨가 따뜻하다.

반의어 mauvais(e)

좋은,
훌륭한,
맛있는

beau/belle

Catherine a acheté une robe très belle.

카트린은 매우 예쁜 원피스를 샀다.

아름다운,
선한

avoir beau + inf.

J'ai beau faire un régime, je ne maigris pas.

아무리 다이어트를 해도 살이 빠지지 않는다.

아무리 ~
해도 소용
없다

facile

Laure est facile à duper.

로르는 속여 먹기 쉽다.

반의어 difficile, dur(e)

쉬운

fatigué(e)

J'étais tellement fatigué que je me suis endormi tout habillé.

나는 너무 피곤해서 옷도 갈아입지 않은 채로 잠들었다.

피곤한

amusant(e)

Il faut admettre qu'il s'agit d'un passe-temps plutôt amusant.

그것은 비교적 재미있는 취미 생활임을 인정해야 한다.

재미있는,
즐거운

intéressant(e)

C'est une remarque très intéressante.

그건 매우 흥미로운 지적이다.

흥미로운

marrant(e)

J'ai une histoire très marrante à te raconter.

너에게 해 줄 아주 재미난 이야기가 있어.

유의어 amusant(e), drôle, comique

웃긴,
재미있는

☐ orgueilleux/ orgueilleuse	Il ne dira jamais qu'il a eu tort parce qu'il est trop orgueilleux. 그는 굉장히 자존심이 세서 결코 자신이 틀렸다는 말은 하지 않을 것이다. 유의어 vaniteux/vaniteuse, prétentieux/prétentieuse	거만한, 잘난 척하는, 자존심이 센
☐ modeste	Mégane est modeste, elle ne m'a pas dit qu'elle avait réussi le concours. 메간은 겸손해서 내게 시험에 합격한 얘기를 하지 않았다. 유의어 humble	겸손한, 수수한, 변변찮은
☐ simple	« Le langage de la vérité est simple. » (Sénèque) "진리의 언어는 간결하다." (세네카) 반의어 compliqué(e)	단순한, 간단한
☐ rare	C'est un livre très rare que l'on ne trouve presque plus. 이 책은 이제 거의 구하지 못하는 상당한 희귀본이다. 반의어 fréquent(e)	드문, 희귀한
☐ aisé(e)	Ce n'est pas une chose aisée de faire comprendre aux enfants qu'il faut qu'ils se taisent. 아이들에게 조용히 있어야 한다는 걸 이해시키기란 쉬운 일이 아니다. 참고 être (mal) à l'aise (불)편하다, 기분이 좋(지 않)다 반의어 gênant(e)	편한, 쉬운
☐ brillant(e)	Les soies artificielles sont plus brillantes que les soies naturelles. 인조 실크는 천연 실크보다 더 반짝거린다. 참고 m. cerveau brillant 명석한 두뇌 m. brillant avenir 화려한 미래	반짝거리는, 명석한, 화려한

formidable	Bernard n'hésite pas à partager ses idées formidables. 베르나르는 그의 놀라운 생각들을 서슴없이 우리에게 나눠 준다. **유의어** superbe, magnifique, génial(e)	놀라운, 굉장한
fiable	Ce test est très fiable pour dépister cette maladie rare. 이 테스트는 희귀병을 발견하는 데에 있어 매우 믿을 만하다.	신뢰할 수 있는, 믿을 만한
indispensable	Ce projet est indispensable à la survie de l'humanité. 이 프로젝트는 인류의 생존을 위해 필수적이다. **유의어** nécessaire, inévitable	필수적
utile	Ce conseil sera très utile dans nos affaires. 이 조언은 우리의 사업에 무척 유용할 것이다. **반의어** inutile	유용한, 유익한
courant(e)	C'est monnaie courante. 그건 흔히 있는 일이다. **참고** f. eau courante 흐르는 물, 수돗물 m. langage courant 일상어	흔한
fier/fière	Il est très fier de son travail. 그는 자기 일을 굉장히 자랑스러워한다.	자랑스러운
têtu(e)	Ne sois pas si têtu, avoue que tu as tort ! 그렇게 고집부리지 말고 네가 틀렸다는 걸 인정해!	고집 센, 고집불통

□ être	Je suis étudiant. 나는 학생이다. « Je pense donc je suis. » (Descartes) "나는 생각한다, 고로 나는 존재한다." (데카르트)	vi. ~이다, 존재하다
□ être à soi	- Ce livre est à qui ? 이 책, 누구 거죠? - C'est à moi. 제 겁니다.	~의 것이다
□ être à inf.	Ce travail est à refaire. (=Il faut refaire ce travail.) 이 작업은 다시 이뤄져야 한다.	~해야 한다
□ être au courant de qqch ou que + ind	Je ne suis pas au courant de ce qui s'est passé hier. 나는 어제 무슨 일이 일어났었는지 알지 못한다.	~을 알다, 알고 있다
□ être d'accord avec qqn sur qqch	Je suis tout à fait d'accord avec toi sur cette question. 이 문제에 대해 나는 너에게 전적으로 동의한다.	~에 대해 ~에게 동의 하다
□ avoir	Je n'ai qu'un seul souhait: que tu sois heureux. 내가 가진 단 한 가지 소원은 바로 네가 행복해지는 것이다.	갖다, 소유하다
□ avoir besoin de qqch	J'ai besoin de ton aide pour finir cette tâche. 이 일을 끝내려면 네 도움이 필요해.	~이 필요 하다

avoir envie de + inf.	J'ai envie de **tout plaquer** et de partir loin. 나는 모든 것을 다 버리고 멀리 떠나고 싶다. 참고 plaquer (속어) 버리다, 포기하다	~ 하고 싶다
avoir l'air adj. ou de inf.	Tu as l'air fatigué: tu t'es couché tard hier soir ? 피곤해 보이네. 어제 늦게 잤어?	~인 듯 보이다, ~인 것 같다
avoir lieu de + inf.	Il y a lieu de **faire des dérogations à cette règle.** 이 규칙에는 예외를 두어야 할 필요가 있다.	~할 필요가 있다, ~하는 것은 당연하다
avoir lieu	La prochaine réunion aura lieu le mardi 19 février. 다음 번 회의는 2월 19일 화요일에 열립니다.	일어나다, 개최되다
prendre	Ma mère m'a pris dans ses bras et m'a serré fort. 어머니는 나를 품에 안은 뒤 꼭 껴안아 주었다.	잡다, 쥐다, 갖다, 사다, 차지하다
prendre garde à qqn/qqch	Il faut prendre garde aux **pickpockets** lorsqu'on voyage à l'étranger. 해외에서 여행을 할 때에는 소매치기에 주의해야 한다. 참고 prendre garde de ne pas + inf.: ~하지 않도록 주의하다	~에 주의하다
prendre qqn pour qqch	Tu me prends pour un idiot ou quoi ? 지금 날 바보 취급하는 거야, 뭐야?	~를 ~로 보다, ~ 취급하다

☐ tenir	J'espère que le beau temps tiendra jusqu'au weekend. 화창한 날씨가 주말까지 이어지면 좋겠다.	잡다, 쥐다, 지니다, 고정시키다, 유지하다
☐ tenir à qqch ou qqn, inf.	Je tenais à bien réussir ce projet. 나는 이 프로젝트를 훌륭히 성공해 내고자 했다.	~에 애착을 갖다, 좋아 하다
☐ tenir à qqch	Le réchauffement climatique tient aux activités humaines. 기후 온난화는 인간의 활동에 기인한 현상이다.	~에 기인 하다
☐ tenir compte de	J'ai essayé de tenir compte de toutes tes remarques dans la nouvelle version du rapport. 나는 새로 작성한 보고서에서 네 모든 지적을 고려하고자 했다.	~을 고려 하다
☐ mettre	J'ai mis du lait dans mon café. 나는 커피에 우유를 넣었다.	놓다, 넣다
☐ se mettre à qqch ou à inf.	Il s'est mis au travail lorsque ses enfants se sont endormis. 그는 아이들이 잠든 후 일을 시작했다.	~하기 시작 하다
☐ tomber	J'ai ressenti des vertiges alors que j'essayais de me lever du lit, et je suis tombé par terre. 침대에서 몸을 일으키려고 했는데 현기증이 나서 바닥에 쓰러졌다.	내려가다, 떨어지다, 넘어지다, 죽다

☐ faire	Qu'est ce que vous faites dans la vie ? (직업과 관련하여) 무슨 일을 하십니까? **참고** Qu'est-ce que vous faites le week-end en général ? 주말에 보통 뭐 하세요?	하다
☐ faire appel à	Thierry a voulu défendre ses droits en faisant appel à la justice. 티에리는 법에 호소하여 자신의 권리를 지키고자 했다.	~에 호소하다, 항소하다
☐ faire de qqch qqch	On peut faire de l'échec une opportunité de réussite. 우리는 실패를 성공의 기회로 삼을 수 있다.	qqch A를 qqch B로 삼다
☐ pouvoir	Je ne suis pas sûr que je puisse bien accomplir cette tâche. 내가 이 일을 잘 마무리할 수 있을지 확신이 없다.	할 수 있다
☐ devoir	Chaque chose doit être à sa place. 모든 것은 제자리에 있어야 한다.	해야 한다
☐ aller	Je vais au cinéma ce soir. 오늘 저녁 나는 영화 보러 간다. **참고** Je vais bien ces jours-ci. 요즘은 무척 잘 지냅니다.	가다, 어울리다
☐ venir	C'est dommage que tu ne sois pas venu à la dernière réunion. 지난번 모임에 네가 안 와서 유감이야.	오다
☐ partir	Mon copain est parti en vacances à Majorque avec un ami à lui pour deux semaines. 내 남자친구는 그의 친구와 2주간 마요르카 섬으로 휴가를 떠났다.	떠나다, 출발하다, 시작하다

☐ arriver	Je suis arrivé à l'heure. 나는 정시에 도착했다.	도착하다
☐ sortir	Julien sort tous les soirs, ce n'est pas un homme sérieux. 쥘리앵은 밤이면 밤마다 놀러 나간다. 그는 그리 착실한 사람이 아니다.	나가다, 외출하다, 놀러 나가다
☐ passer	Le temps passe trop vite. 시간이 너무 빨리 지나간다. 참고 passer à l'examen 시험에 통과하다 passer l'examen 시험을 치르다 passer la soirée 저녁 시간을 보내다	지나가다
☐ travailler	Elle travaille tous les soirs jusqu'à tard en ce moment, sa charge de travail est trop importante. 그녀는 요즘 매일 밤 늦게까지 일을 해서 업무 부담이 상당하다. 유의어 bosser (구어)	일하다, 공부하다, 연습하다
☐ se demander	Anaïs se demande si elle a raison de donner sa démission. 아나이스는 사표를 낸 것이 과연 옳은 일인지 자문한다.	궁금해하다, 의아해하다, 자문하다
☐ parler	Si tu parles trop vite, ton interlocuteur ne pourra pas bien te comprendre. 네가 너무 빨리 말하면, 상대방은 네 말을 잘 이해할 수 없다. 참고 parler de ~에 대해 말하다, 논하다 parler (le) français 프랑스어를 하다	말하다
☐ entendre	Je t'entends mal, parle plus fort ! 네 말이 잘 안 들려. 좀 더 크게 말해 봐! 참고 bien entendu = bien sûr, assurément	듣다, 이해하다

proposer	Il nous a proposé un plan pour sauver le monde. 그는 우리에게 세상을 구하기 위한 계획을 하나 제안했다.	제안하다
montrer	Je vais te montrer les photos d'un garçon que j'ai rencontré en vacances. 내가 휴가 때 만난 남자애 사진 보여 줄게.	보여 주다
se dégrader	Les conditions de travail des infirmières se sont dégradées. 간호사들의 근로 조건이 악화됐다.	악화되다
se dérouler	L'année prochaine, le Festival de Cannes se déroulera du 9 au 20 mai. 내년 칸 국제영화제는 5월 9일부터 20일까지 열릴 예정이다.	열리다, 진행되다
donner lieu (à qqch)	Le salon du livre a donné lieu à de belles rencontres. 도서전이 유익한 만남의 계기가 됐다.	(~의) 원인이 되다, (~을) 야기하다

쉬어가기

1 위치를 나타내는 전치사 연습

- Le lit est entre la commode et l'étagère. 침대는 서랍장과 책장 사이에 있습니다.
- L'ordinateur est sur le bureau. 컴퓨터는 책상 위에 있습니다.
- La chaîne stéréo(chaîne hifi) est sur l'étagère. 오디오는 책장 위에 있습니다.
- La lampe est à droite de l'armoire. 스탠드는 옷장 오른쪽에 있습니다.
- L'armoire est à gauche de la commode. 옷장은 서랍장 왼쪽에 있습니다.
- Les CD sont par terre. CD는 바닥에 있습니다.
- Il y a deux cadres dans la chambre. 방 안에는 액자가 두 개 있습니다.

- Le chat est devant la plante.
  화초 앞에 고양이가 있습니다.

- Le chat est derrière la plante.
  화초 뒤에 고양이가 있습니다.

- Le chien est sous le bureau.
  책상 아래 개가 있습니다.

2 색상

rouge 빨간색	orange 주황색	jaune 노란색	vert 초록색	bleu 파란색	bleu marine 남색
violet 보라색	rose 분홍색 (형) rosé	bleu ciel 하늘색	pourpre 자주색	brun 갈색	marron 밤색
beige 베이지색	kaki 카키색	gris 회색	blanc 흰색	noir 검은색	ivoire 아이보리색

3 시간

avant-hier	hier	aujourd'hui	demain	après-demain	dans trois jours
그저께	어제	오늘	내일	모레	글피

avant-veille	veille	maintenant	lendemain	surlendemain
전전날	전날	지금	다음 날	다음다음 날

1   Où est le chat?

   ① Le chat est sous le bureau.

   ③ Le chat est sur le bureau.

   ③ Le chat est devant le bureau.

   ④ Le chat est à droite du bureau.

   ⑤ Le chat est derrière le bureau.

2   다음 중 괄호 안에 들어갈 적절한 단어를 고르시오.

   Elle a des yeux (   ), alors que lui, il a des yeux (   ) foncés.

   그녀의 눈은 밤색인 반면, 그는 눈이 짙은 파란색이다.

   ① noirs, verts

   ② gris, bleus

   ③ noirs, rouges

   ④ marron, bleus

3 다음 단어를 문맥에 맞게 배열하시오.

auras / ce travail / de / moi / pour / tu / accomplir / bien / besoin

(이 일을 잘 마무리하기 위해 너는 내가 필요할 거야)

Cf) accomplir : v. 마무리하다, 완수하다, 끝마치다

4 두 문장의 뜻이 같아지도록 빈칸을 채우시오.

① 플로랑은 이 프로젝트를 이틀 만에 끝냈다.

Florent a fini ce projet (   ).

② 2주 전에 새로운 지하철 노선이 개통됐다.

Une nouvelle ligne de métro a été inaugurée (   ).

③ 그는 저녁 모임에 너무 늦게 도착했다.

Il est arrivé (   ) à la soirée.

부록

유용한 표현

❶ 의사 표현 동사

 croire, penser, estimer, trouver, considérer, se persuader, être certain(e), être sûr(e), ne pas douter
믿다, 생각하다, 평하다, 인정하다, 간주하다, 확신하다,
필경 ~라고 생각하다, 장담하다, 믿어 의심치 않다
· Je crois qu'il va bientôt arriver. 나는 그가 곧 도착할 것이라고 생각한다.
· Je ne crois pas qu'il vienne. 나는 그가 올 거라고 생각하지 않는다.

참고
· Je crois que
· Je suis persuadé(e) que
· Je suis certain(e) que   + ind.
· Je suis sûr(e) que
· Je ne doute pas que

· Je ne crois pas que
· Je ne suis pas persuadé(e) que
· Je ne suis pas certain(e) que   + sub.
· Je ne suis pas sûr(e) que
· Je doute que

 sembler, paraître ~인 것 같다, ~인 듯하다
· Il me semble inutile de s'inquiéter du résultat.
  결과는 신경 쓸 필요가 없는 것 같다.

참고
· Il me semble que + ind. (cf. Il semble que + sub.)
· Il paraît que

 se pouvoir, être possible (비인칭) ~일 수 있다, ~일지도 모른다
· Il se peut que je me sois trompé. 내가 틀렸을 수도 있다.

참고
· Il se peut que
· Il est possible que   + sub.

affirmer, jurer, confirmer, assurer, certifier, garantir
단언하다, 장담하다, 확언하다, 확신하다, 보장하다, 보증하다
· Je t'affirme qu'il a trop de travail pour nous rejoindre.
단언컨대 그는 일이 너무 많아서 우리랑 어울리지 못할 것이다.

souligner 강조하다
· Je voudrais souligner le fait que le développement durable ne doit pas
être considéré comme la seule solution pour résoudre nos problèmes
actuels.
지속가능한 개발은 우리의 현안을 해결하기 위한 단 하나의 유일한 해법으로 간주되어선 안
된다는 사실을 강조하고 싶습니다.

défendre 옹호하다, 변호하다, 내세우다
· Il n'a même pas essayé de défendre son opinion.
그는 자신의 의견을 내세우려는 시도조차 하지 않았다.

contester, nier, démentir 반대하다, 부인하다, 부정하다
· Tout le monde a contesté le résultat de l'élection présidentielle.
모두가 대선 결과에 반박했다.

soutenir 지지하다, 주장하다
· Je ne peux pas soutenir tes idées, elles sont complètement fausses.
나는 네 생각을 지지할 수가 없다. 네 생각은 완전히 잘못됐다.

avouer, confesser, découvrir 밝히다, 털어놓다, 고백하다
· J'avoue que je suis très étonné par votre critique.
사실대로 말하자면 나는 당신의 비판에 매우 놀랐다.

donner son avis 의견을 제기하다
· Elle n'a pas hésité à donner son avis.
그녀는 주저 없이 자신의 의견을 내놓았다.

**prendre une question/des questions, questionner, poser une
question, interroger**
질문하다, 물어보다, 질문을 던지다, 묻다, 물음을 제기하다
· Mon enfant me pose des questions à tout va.
우리 아이는 나에게 끝없이 질문을 던진다.

- soulever la question 문제를 제기하다
- examiner la question 문제를 검토하다
- à tout va 무제한으로

■ répondre 대답하다
- Quand il m'a demandé mon point de vue, je n'ai vraiment pas su quoi lui répondre.

그가 내 생각을 물었을 때, 나는 정말 뭐라고 답을 해야 할지 몰랐다.

■ supposer 추측하다
- Je suppose que personne n'était au courant de ses problèmes familiaux.

그의 집안 문제에 대해서는 아무도 모르고 있었던 것으로 추측된다.

❷ 신체 및 동물 관련 표현

■ casser la tête à qqn ~를 골치 아프게 하다, 성가시게 하다
- Ne te casse pas trop la tête pour lui trouver un cadeau, il sera content de toute façon.

그의 선물을 생각해 내는 데에 너무 골머리 썩지 마. 그는 뭐든 만족할 거야.

■ faire la tête 삐죽거리다, 싫은 표정을 하다
- Le bébé fait la tête en fronçant ses sourcils.

아이가 눈살을 찌푸리면서 인상을 쓰고 있다.

■ se serrer la main (서로) 악수하다
- Selon une étude, les humains se serrent la main non seulement pour se dire bonjour, mais aussi pour sentir l'odeur de l'autre.

한 연구에 따르면 사람들은 서로 인사를 나누기 위해서뿐만이 아니라 상대의 냄새를 느끼기 위해서 악수를 한다고 한다.

■ donner la main 도와주다
- J'ai bien réussi, même si personne ne m'avait donné la main.

아무도 나를 도와주지 않았음에도 나는 훌륭하게 성공했다.

politique de la main tendue f. 유화 정책
- La politique de la main tendue de l'ancien régime s'est soldée par un échec.
  이전 정권의 유화책은 실패로 돌아갔다.

참고
- tendre la main 손을 내밀다

faire main basse sur qqch 빼앗다, 훔치다, 약탈하다 / ~ 사람: 죽이다
- Les écoliers sont entrés dans le jardin pour faire main basse sur tous les fruits.
  초등학생들이 밭에 들어가서 과일을 모두 다 서리했다.

avoir le bras long 발이 넓다, 영향력이 있다
- Faut-il avoir le bras long pour réussir ?
  성공하려면 발이 넓어야 할까?

bras de fer m. 팔씨름, 힘겨루기
- Ce n'est pas encore la guerre, mais déjà le bras de fer.
  아직 전쟁은 아니지만 이미 힘겨루기는 시작된 상태다.

langue de bois f. 식상한 말, 상투적인 구호
- Les journalistes reprochent aux chercheurs leur langue de bois et les chercheurs reprochent aux journalistes de déformer leurs propos.
  기자들은 학자들이 늘 틀에 박힌 말만 늘어놓는다고 비난하고, 학자들은 기자들이 자신의 말을 왜곡한다고 나무란다.

être dos au mur 궁지에 몰리다, 더는 물러설 데가 없다
- Nous sommes obligés de faire face à l'ennemi, puisque nous sommes dos au mur.
  우리는 적에 맞서 싸워야 한다. 더 이상 물러설 데가 없기 때문이다.

참고
- se mettre dos au mur 배수진을 치다

prendre ses jambes à son cou 서둘러 도망가다, 줄행랑을 치다
- Dès que je l'ai aperçue, Nathalie a pris ses jambes à son cou.
  내가 알아보자마자 나탈리는 부리나케 도망쳤다.

:: avoir un boulet au pied 고역을 겪다

- J'ai l'impression d'avoir un gros boulet à mes pieds. C'est une période trop dure.

  커다란 혹을 달고 있는 느낌이다. 정말 힘든 시기다.

- traîner son boulet, traîner quelque chose derrière soi comme un boulet

:: passer(=sauter) du coq à l'âne 횡설수설하다, 중구난방이다

- Nadine passe du coq à l'âne et ses interlocuteurs sont désorientés.

  나딘은 횡설수설하고 있고, 이야기를 듣는 사람들도 도통 갈피를 잡지 못한다.

:: faire(=adopter) la politique de l'autruche 눈 가리고 아웅하다

- La direction décide d'en finir avec la politique de l'autruche et de prendre à bras-le-corps ses problèmes.

  지도부는 눈 가리고 아웅하던 정책에서 벗어나 직접적으로 문제에 대응하기로 결심했다.

  참고

- f. autruche 타조
- à bras-le-corps 1) 팔로 상대의 허리를 감싸안다

  2) 문제 해결에 전적으로 뛰어들다

:: rire comme une baleine (입을 크게 벌리고 고래처럼 웃는 모습으로) 박장대소하다

- Lorsqu'une personne rit en ouvrant très grand la bouche, on peut dire qu'elle ≪rit comme une baleine≫.

  입을 무척 크게 벌리며 웃는 사람이 있을 때, 우리는 그가 "고래처럼 웃는다(박장대소한다)" 고 말할 수 있다.

  참고

- f. baleine 고래

  유의어

- rire à gorge déployée, rire comme un bossu

froid de canard m. 영하의 추위, 극심한 추위
- Brr…! Il fait un froid de canard! (부들부들 떨며) 날이 왜 이렇게 추워!
- J'ai la chair de poule. 난 닭살까지 돋았어.

참고
· m. canard 오리
· f. poule 암탉(↔ m. coq 수탉)

avoir un chat dans la gorge 목이 쉬다, 목이 잠겨 있다
· J'ai toussé toute la nuit, et ce matin j'ai un chat dans la gorge.
밤새 기침을 했더니 오늘 아침엔 목이 다 쉬었다.

참고
· m. chat 고양이

vivre comme chien et chat 견원지간처럼 지내다
· Depuis qu'ils se sont rencontrés, ils sont toujours comme chien et chat.
맨 처음 만난 뒤로 그들은 항상 견원지간처럼 지낸다.

참고
· m. chien 개

faire le coq 허세 부리다
· Il fait le coq en jouant les gros bras.
그는 강한 사람인 척하며 허세를 부린다.

참고
· jouer les gros bras 실제보다 더 강한 사람인 듯 으스대다

유의어
· fanfaronner, se vanter

rentrer dans sa coquille 몸을 사리다, (자기 안으로) 움츠러들다
· Stéphanie est rentrée dans sa coquille et s'est peu à peu coupée de l'extérieur.
스테파니는 (자기 안으로) 움츠러들고는 서서히 외부와 단절됐다.

참고
· f. coquille 조개

mémoire d'éléphant f. 비범한 기억력

· Bien sûr que je m'en souviens, tu sais bien que j'ai une mémoire d'
éléphant.
물론 기억하고 있어. 너도 잘 알다시피 나는 기억력이 보통이 아니거든.

· m. éléphant 코끼리

· f. mémoire prodigieuse

avoir des fourmis (dans les membres) (팔다리에) 쥐가 나다, (팔다리가) 저리다

· J'ai des fourmis dans la jambe droite.
오른쪽 다리에 쥐가 났어.

· f. fourmi 개미
· m. membre 사지, 팔다리

peigner la girafe 헛되이 시간을 보내다, 무의미한 일을 하다

· Je ne suis pas venu ici pour peigner la girafe.
나는 괜히 시간낭비나 하려고 여기 온 게 아닙니다.

· f. girafe 기린

· perdre son temps, m. coup d'épée dans l'eau

avoir une faim de loup 뱃속에 걸신이 들린 듯하다, 무척 허기지다

· De retour chez lui, il a une faim de loup.
집에 돌아왔을 때, 그는 무척 허기가 졌다.

· m. loup 늑대

· avoir un appétit de loup

avoir des yeux de lynx 눈매가 날카롭다

· Adrien a des yeux de lynx. Rien ne lui échappe.
아드리앵은 눈매가 예리하다. 그는 그 무엇도 놓치지 않는다.

참고

· m. lynx 스라소니

poisson d'avril m. 만우절 거짓말

· Parmi les poissons d'avril les plus célèbres se trouve celui de la RATP:
elle a fêté le 1er avril en rebaptisant treize de ses stations comme Apéro
au lieu d'Opéra, Coquille au lieu de Saint Jaques, etc.
가장 유명한 만우절 농담 가운데에는 파리교통공사의 만우절 장난도 포함된다. 파리교통공
사는 '오페라' 역을 '아페로(식전주)' 역으로, '생 자크(관자)' 역을 '코키유(조개)' 역으로 바꾸
는 등 열세 개 지하철 역명을 새로 붙임으로써 만우절을 기념했다.

참고

· m. poisson 물고기, 생선
· RATP 파리교통공사

mettre la puce à l'oreille de qqn ~의 의심을 불러 일으키다

· Ce qui a mis la puce à l'oreille des internautes, ce sont des photos prises
à un concert.
네티즌의 의심을 불러 일으킨 것은 한 콘서트에서 찍힌 사진들이다.

참고

· f. puce 벼룩

유의어

· éveiller les soupçons de qqn

manger de la vache enragée 매우 궁핍한 생활을 하다

· J'ai mangé de la vache enragée pendant de nombreuses années. J'ai
beaucoup bossé pour m'en sortir.
나는 수년 간 매우 궁핍한 생활을 했다. 여기에서 벗어나기 위해 나는 정말 열심히 일했다.

참고

· f. vache 암소

유의어

· vivre dans la misère

❸ 부사 및 관용어구

marchand de sommeil 악덕 임대업자
· Jean est un marchand de sommeil: il a loué des appartements vétustes à des étrangers en situation irrégulière, à un tarif exorbitant.
장은 악덕 임대업자다. 불법 체류 외국인들에게 상당히 비싼 집세를 받고 노후한 아파트를 빌려 주었기 때문이다.

tomber dans les pommes 기절하다, 정신을 잃다, 실신하다
· Quelque chose de lourd est tombé de l'étagère directement sur ma tête, et je suis tombé dans les pommes.
선반에서 무언가 무거운 것이 머리 위로 직접 떨어져서 정신을 잃고 쓰러졌다.

유의어
· s'évanouir, perdre connaissance

être au point mort 교착 상태에 빠져 있다, 정체 상태다
· Un mois après le début de la grève, les négociations sont encore au point mort.
파업이 시작된 후 한 달이 지난 뒤에도 협상은 여전히 지지부진한 상태다.

avoir le dernier mot 논쟁에 이기다, 결정권을 갖다
· Ce sont les femmes qui ont souvent le dernier mot en matière de décoration de la maison.
집안 장식에 있어서 결정권을 갖는 것은 주로 여성들이다.

donner carte blanche 전권을 위임하다, 전권을 주다
· Le directeur nous a donné carte blanche sur ce projet.
국장은 우리에게 이 프로젝트에 대한 전권을 부여했다.

faire table rase 백지화하다
· Le nouveau gouvernement a fait table rase des politiques du passé.
신임 정부는 과거의 정책들을 백지화했다.

faire fi de qqch 멸시하다, 무시하다
· Il a fait fi des convenances. 그는 합의를 무시했다.

유의어
· dédaigner, mépriser

254

■ **mettre la clé sous la porte** 몰래 떠나다, 야반도주하다, 폐업하다
  · Ce commerçant a mis la clé sous la porte.
  이 가게 주인은 가게 문을 완전히 닫았다.

■ **mettre un bémol** (어조나 태도를) 완화하다, 한 톤 누그러뜨리다
  · Il a mis un bémol à l'enthousiasme de ses collègues lorsqu'il a rappelé
  les mauvais résultats financiers de l'entreprise.
  그는 회사의 안 좋았던 재무 성과를 상기시켜 동료들의 고조된 분위기를 한 톤 다운시켰다.

  유의어
  · baisser le ton

  반의어
  · hausser le ton

■ **tirer son épingle du jeu** 궁지에서 벗어나다
  · Cette société a enfin tiré son épingle du jeu malgré beaucoup de
  difficultés.
  이 회사는 여러 가지 난제에도 불구하고 결국 난관에서 벗어났다.

■ **donner (ou porter) le coup de grâce à qqn** ~에게 최후의 일격을 가하다
  · Vous lui avez donné le coup de grâce, il ne s'en relèvera jamais.
  당신은 그 사람에게 최후의 일격을 가한 겁니다. 그는 다신 재기하지 못할 겁니다.

■ **en considération de** ~을 고려하여, 참작하여
  · En considération des services qu'il a rendu à son pays, il a été décoré
  par le Président.
  나라에 이바지한 공이 참작되어 그는 대통령으로부터 훈장을 수여받았다.

  유의어
  · eu égard à, en tenant compte de, compte tenu de

■ **à l'aide de** ~의 도움으로, ~을 사용하여
  · Vous pouvez prendre des photos de qualité professionnelle à l'aide de
  cet appareil photo.
  이 사진기를 사용하여 당신은 전문가 수준의 사진을 찍을 수 있습니다.

  유의어
  · au moyen de, en se servant de

■ **d'un coup** 한번에, 단숨에, 한꺼번에
· Il avait tellement faim qu'il a englouti tout son repas d'un coup.
그는 너무 배가 고파서 단숨에 식사를 해치웠다.

유의어

· d'un trait

■ **faute de mieux** 부득이하게
· Faute de mieux, j'ai accepté un stage inintéressant.
별로 관심이 가지 않던 수습직을 부득이하게 받아들였다.

■ **à défaut de** ~이 없어서
· À défaut de café, je boirai du thé.
커피가 없다면 대신 차를 마시겠습니다.

■ **sous l'influence de** ~의 영향으로
· Il a conduit sa voiture sous l'influence de l'alcool.
그는 술에 취한 상태에서 차를 몰았다.

유의어

· sous l'effet de

■ **sous la menace de** ~의 위협하에서
· Beaucoup de personnes vivent sous la menace du terrorisme.
수많은 사람들이 테러의 위협에서 살아간다.

■ **autant que possible** 되도록, 될 수 있는 한
· On espère qu'on pourra limiter autant que possible les risques éventuels.
우리는 잠재적인 위험을 되도록 줄일 수 있기를 바란다.

유의어

· Autant que faire se peut.

■ **à sa guise** 자기 방식대로, 제멋대로
· Il faut laisser chacun vivre à sa guise.
각자 자기 방식대로 살도록 내버려 두어야 한다.

유의어

· à sa manière

en guise de ~ 조로, ~로서

- On a sanctionné quelques étudiants en guise d'exemple.
몇몇 학생들이 본보기로 처벌됐다.

유의어

- à la façon adj., à la place de, en manière de

en contrepartie de ~하는 대신, ~의 반대 급부로

- Léa m'a offert un dîner en contrepartie de mon aide.
레아는 내 도움에 대한 보답으로 내게 저녁 식사를 대접했다.

au lieu de ~하는 대신에, ~하기는커녕

- Les agents policiers ont arrêté un homme qui roulait à 222 km/h, au lieu de 130.
경찰은 시속 130km가 아닌 222km로 달리던 남자를 체포했다.

부사/부사구	뜻	비고
peut-être	아마도	유의어 sans doute, probablement
certainement	확실히	유의어 sans aucun doute, sûrement, à coup sûr
alors, donc	그래서, 따라서	
mais	그러나	유의어 par contre, en revanche
cependant	그렇지만, 그런데, 그럼에도 불구하고, 그래도	유의어 après tout, pourtant, tout de même
d'ailleurs	게다가, 더구나	유의어 du reste, de plus, en outre
malgré, au reste	그럼에도 불구하고	
par conséquent	그 결과, 따라서, 그러므로	유의어 du coup, en conséquence, en resultat, donc
en conséquence de	~의 결과로	
en somme	요컨대, 결국	유의어 somme toute, enfin, en résumé, tout compte fait, pour tout dire
d'abord	우선, 먼저	
ensuite	이어서, 다음으로	유의어 par la suite
enfin	끝으로, 결국	
grâce à	덕분에	
à cause de	때문에	유의어 du fait de, en raison de, pour cause de
en effet	사실, 실제로	유의어 en fait, effectivement, en réalité, véritablement
de fait	사실상	유의어 de facto
vraiment	정말로, 진심으로	유의어 pour de vrai, réellement, pour de bon, tout de bon

부사/부사구	뜻	비고
directement	직접, 직접적으로	유의어 en mains propres 반의어 indirectement 간접적으로
graduellement	서서히, 조금씩	유의어 par degré(s), progressivement
environ	대략	유의어 presque, à peu près, plus ou moins, grosso modo
souvent	자주, 종종	
immédiatement	즉시, 그 자리에서	sur le coup
soudain	갑자기	유의어 tout d'un coup, tout à coup, brusquement
absolument	완전히, 절대적으로, 대단히, 매우	유의어 entièrement, de toutes pièces, tout à fait
relativement	상대적으로	
par rapport à	~에 비해서	
forcément	반드시	유의어 nécessairement, inévitablement
de force	강제로	
de sang-froid	태연하게, 침착하게	유의어 avec sang-froid
coûte que coûte	어떻게 해서든, 무슨 일이 있어도	
sans merci	가차없이	
à huis clos	비공개로	
dans le meilleur des cas	최선의 경우	
dans le pire des cas	최악의 경우	

착! 붙는 프랑스어 단어장

초판인쇄	2024년 5월 20일
초판발행	2024년 5월 27일
저자	인터레스팅 Inter-est-ing(프랑스어 번역 네트워크)
편집	권이준, 김아영
펴낸이	엄태상
디자인	권진희, 이건화
표지 일러스트	eteecy
조판	이서영
콘텐츠 제작	김선웅, 장형진
마케팅	이승욱, 왕성석, 노원준, 조성민, 이선민
경영기획	조성근, 최성훈, 김다미, 최수진, 오희연
물류	정종진, 윤덕현, 신승진, 구윤주
펴낸곳	시사북스
주소	서울시 종로구 자하문로 300 시사빌딩
주문 및 교재 문의	1588-1582
팩스	0502-989-9592
홈페이지	http://www.sisabooks.com
이메일	book_etc@sisadream.com
등록일자	1977년 12월 24일
등록번호	제300-2014-92호

ISBN   978-89-402-9402-4 13760